중국은 남북조 시대로 접어들면서 세력이 강해졌고,

수나라는 문제와 양제 때 도합 네 차례에 걸쳐 대군을 동원해 고구려를 침공해왔습니다.

수나라가 대륙을 통일하자마자 순식간에 돌궐족을 복속시

한반도 남쪽으로는 서해의

동해의 영덕까지 진출했습니다.

동아시아의 패권을 건 중국과 고구려의 싸움은 그것이 끝이 아니었어요.

어린이를 위한
고구려
왕조실록

어린이를 위한
고구려 왕조 실록
2006년 1월 16일 초판 1쇄 발행 | 2010년 5월 7일 초판 5쇄 발행

글 이상각 | **그림** 픽처뱅크 | **펴낸이** 장진혁 | **펴낸곳** 홍진P&M
주소 경기도 파주시 교하읍 문발리 파주출판단지 526-4 | **전화** (031) 955-2371, (031) 955-2361
팩스 (031) 955-2341 | **등록** 제406-2007-00001. 2007.1.4 | **홈페이지** www.hjpub.co.kr
공급 형설출판사

ISBN 978-89-5697-735-5 74900
ISBN 978-89-5697-732-4 (세트)

ⓒ 홍진P&M 2010 Printed in Korea

※잘못된 책은 서점에서 바꾸어 드립니다.
　이 책의 내용을 쓰고자 할 때는, 저작권자와 출판사의 허락을 받아야 합니다.

정가 9,000원

어 | 린 | 이 | 를 | 위 | 한

고구려 왕조실록

엮음 이상각 | 그림 픽처뱅크

홍진 P&M
Children's books

한반도는 물론, 중국의 동북 지역까지 호령했던 고구려!
그 위대하고 신비한 역사 속으로 들어가 볼까요?

■ 들어가는 말

코리아는 고구려랍니다

　어린이 여러분들은 외국 사람들이 우리나라를 '코리아(KOREA)'라고 부른다는 사실을 잘 알고 있을 거예요. 이 코리아라는 이름은 그 옛날 동북아시아 일대를 호령했던 우리 민족의 대제국, 고구려를 일컫는 말이랍니다. 동명성왕, 광개토대왕을 비롯해서 수많은 영명한 왕들의 업적과, 강인하면서도 부지런했던 고구려 국민들이 이룩한 찬란한 문화가 세계 여러 나라에 알려져, 오늘날 우리나라가 코리아로 불리게 된 것이지요.

　고구려가 멸망한 후에도 고구려의 위대한 혼은 우리 민족의 가슴 속에 면면히 이어내려왔어요. 그리하여 천년왕국 신라가 멸망한 뒤, 태조 왕건에 의해 고려란 이름으로 되살아나 역사의 한 페이지를 장식하기도 했답니다. 고구려는 우리 민족과 뗄레야 뗄 수 없는 영광스러운 역사인 셈이지요.

　고구려인들은 좁은 한반도 안에서 웅크리고 있던 것이 아니라 드넓은 대륙과 서해, 동해를 잇는 대제국의 주인공이었습니다. 당시 주변의 민족들은 고구려의 문화와 문물을 받아들이기에 바빴고, 앞다투어 고구려인이 되길 원했어요. 때문에 고구려인들은 자신들이 세상의 중심이라는 커다란 자부심을 갖게 되었답니다.

　오늘날 우리들은 그와 같은 고구려인들의 호탕한 기상을 이어받아 그들의 업적과 문화적 창의성을 자랑스럽게 계승 발전시켜야 되지 않을까요?

지금부터 우리는 고구려가 어떻게 세워졌고 발전했으며, 안타까운 멸망에까지 이르렀는지를 알아보기로 해요. 그 안에는 신비한 이야기도 있고, 가슴이 뭉클해지는 감동도 있습니다.

지금도 중국의 동북 지역에 가면 수많은 고구려의 유적들이 금방이라도 살아서 움직일 듯한 모습으로 남아 있어요. 고구려 최초의 도읍인 오녀산성을 비롯해서 엄청난 크기의 광개토대왕릉비, 이집트의 피라미드에 비길 만한 장수왕릉, 그리고 수많은 성곽과 무용총, 쌍영총 등의 왕릉에 그려져 있는 벽화는 정말 대단하답니다. 그 대부분은 이미 유네스코에 의해 세계문화유산으로 지정되어 있기도 하지요. 자, 이제 우리 모두 광개토대왕의 말발굽 소리를 찾아 출발!

대제국 고구려의 시작과 끝

우리나라의 고대국가는 고조선과 부여에서부터 시작되었답니다. 단군 왕검이 창건한 고조선은 신화 속의 나라가 아니라, 실제로 한반도 북부와 현재 중국의 땅인 요동, 요서 지방의 대부분을 다스렸습니다. 또 부여는 지금의 만주 지방에 자리하고 있었지요.

그 당시 중국은 은나라와 주나라의 시대였는데, 고조선과 함께 대륙의 북쪽을 놓고 힘겨루기를 하고 있었어요. 그러다 기원전 2세기경에 이르자 중국은 진시황에 의해 통일되어 강력한 힘을 가지게 되었고, 상대적으로 고조선은 쇠약해졌습니다. 결국 고조선은 진나라의 뒤를 이은 한나라의 무제에 의해 멸망하고 맙니다. 그 후, 한나라의 무제는 고조선 땅을 넷으로 나누어 낙랑군과 현도군, 임둔군, 대방군 등 4개의 군현으로 하여금 다스리게 했습니다.

이런 변화의 틈바구니 속에서 북쪽에 있던 부여는 언제 자신들에게 화가 닥칠지 몰라 긴장하고 있었지요. 또한 주변에 있던 작은 나라들은 더욱 겁을 먹을 수밖에 없었어요. 이처럼 미묘한 시기에 고구려가 홀연히 모습을 드러내게 됩니다.

부여 출신의 고주몽은 비류곡 근처의 홀본 서쪽 산성 위에 도읍을 세우고, 나라이름을 고구려라고 했답니다. 그곳은 현재 압록강 북쪽의 환인시에 있는 오녀산성이라고 합니다. 산의 높이는 해발 800m 정도인데, 정상에는 둘레 2km의 넓은 평지와 연못이 있었다고 해요. 이 산성은 험준하면서도 주변에는 너른 평야가 있어 천혜의 요지였답니다.

이후, 고구려는 우수한 철기문화를 개발하고 주변의 작은 나라들을 정복하면서 점점 힘이 커지게 되었어요. 그와 함께 한나라 군현이 차지하고 있던 고조선의 땅을 되찾기 위해 온 힘을 다했지요.

고구려는 계루부·소노부·절노부·순노부·관노부라는 다섯 개의 부족이 힘을 합쳐 만든 국가였어요. 계루부는 주몽이 이끄는 북부여 출신들이었고, 소노부는 송양왕이 다스리던 비류국 출신들이었지요. 나머지 부족들도 모두가 압록강 중류나 송화강 근처의 세력들이었답니다.

고구려인들은 우리 민족의 단결을 막으려는 중국의 교묘한 술책을 물리치고 주변에 있던 크고 작은 부족들을 통합해 나갔습니다. 그 결과, 1세기 후반에 이르러서는 다른 나라들이 함부로 넘볼 수 없는 강력한 국가로 발전하게 되었어요. 또한 왕이 모든 권력을 행사하고 다섯 부족은 신하가 되어 복종하는 고대국가의 형태를 갖추게 되었어요.

6대 태조왕 때부터 고구려는 본격적으로 영토 확장에 나섰어요. 먼저, 동해안에 있던 옥저를 정벌했고, 한나라의 군현들이 지배했던 요동 지역과 현도군, 낙랑군,

동예, 숙신 지역을 차례차례 점령해 나갔어요. 그렇게 쌓여진 힘으로 왕권을 더욱 강화하고 군사력을 키워 강력한 중국 세력과 맞설 수 있었답니다.

이런 고구려의 기세는 동천왕 때 위나라 장수 관구검의 역습을 받아 한풀 꺾였지만, 4세기 무렵에 중국이 5호 16국으로 분열되자 다시 되살아났습니다. 그리하여 고구려의 미천왕이 한나라 군현 중에서 마지막으로 압록강 유역에 버티고 있던 낙랑군과 대방군을 몰아내고 말았던 것이지요.

하지만 다른 나라와 싸울 때마다 고구려가 언제나 승리했던 것은 아니었습니다. 고구려는 선비족인 모용씨가 세운 '전연'이란 나라와 요동 지역을 놓고 치열한 싸움을 벌였는데, 342년에 전연의 대대적인 공격으로 인해 도읍인 국내성이 함락되는 치욕을 겪었어요. 그 기회를 틈타 백제의 근초고왕이 남쪽에서 공격해 오는 바람에 371년에 고국원왕이 평양성 전투에서 전사하고 말았답니다.

하지만 고구려는 이에 굴하지 않았어요.

고국원왕의 뒤를 이은 소수림왕은 백성들을 단합시키기 위해 율령을 반포했고, 불교를 받아들였어요. 또 인재를 키우기 위해 우리나라 최초의 대학인 태학을 설립했지요. 이렇듯 나라의 기초를 튼튼히 다진 고구려는 그 후, 찬란한 전성기를 이루게 된답니다. 그 주인공은 여러분들도 잘 알고 있는 광개토대왕과 장수왕이었어요.

5세기 후반, 광개토대왕과 장수왕은 그 동안 쌓아온 막강한 국력을 바탕으로 대대적인 정벌에 나섰어요. 그 결과, 고구려는 요동 지역을 단숨에 손아귀에 넣었고 요서 지역을 놓고 중국의 북위와 다투었으며, 한반도 남쪽으로는 서해의 아산만과 동해의 영덕까지 진출했어요. 그로 인해 신라와 백제는 영토가 줄어들어 작은 나라로 전락하고 말았지요. 또 그때까지 겨우 명맥을 유지하고 있던 북부여와 말갈족들을 항복시켰고, 동부여까지 점령하여 동북아 최대의 대국이 되었습니다.

그 후 고구려는 영토확장을 멈추고 안정을 위한 외교 정책에 온 힘을 쏟았습니다. 당시 중국은 남북조 시대로 접어들면서 세력이 강해졌고, 영토가 넓어진 만큼 다스리는 데 힘이 많이 들었던 것이지요.

하지만 '달도 차면 기우는 법'이란 말이 있듯이, 6세기 후반에 들어서자 고구려는 지배계층의 분열로 인해 국력이 쇠약해져 갔어요. 결국 531년 권력다툼으로 안장왕이 죽음을 당하고 동생인 안원왕이 즉위했어요. 그리고 안원왕 말기에는 왕자들을 앞세운 왕비들의 권력다툼으로 인해 수천 명의 사상자가 발생하는 비극이 벌어졌어요. 그러자 신라의 진흥왕과 백제의 성왕이 힘을 합쳐 고구려를 공격해 와서 한강 유역의 땅을 모조리 빼앗기게 되었어요. 설상가상으로 북방의 돌궐족과도 전쟁이 벌어져 고구려는 국력이 매우 쇠약해졌어요.

581년, 중국 대륙을 통일한 수나라는 고구려를 자신들의 발 아래 두려고 했어요. 하지만 스스로 천하의 중심국가라고 믿고 있던 고구려가 수나라에 굴복할 수는 없었지요. 그리하여 두 나라는 자존심을 걸고 큰 싸움을 벌일 수밖에 없었답니다.

수나라가 거란족과 말갈족을 차례로 정복하면서 압박을 해 오자 고구려는 598년, 수나라를 먼저 공격했어요. 그러자 수나라의 왕이었던 문제와 양제는 네 차례에 걸쳐 대군을 동원해 고구려를 침공해왔어요. 그러나 수나라는 고구려의 명장 을지문덕의 공격에 밀려 살수대첩에서 크게 패함으로써 왕조가 멸망하고 말았답니다.

하지만 중국과 고구려의 싸움은 그 후에도 계속되었어요. 수나라의 뒤를 이은 당나라 역시 고구려를 노리고 있었으니까요. 이 때 등장한 인물이 바로 연개소문이었답니다. 천리장성 축조의 책임자였던 연개소문은, 자신을 제거하려는 고구려의 중앙 귀족들을 모두 없애고 권력을 장악한 뒤, 당나라와의 전쟁 준비에 들어갔어요.

당나라는 645년부터 세 차례에 걸쳐서 고구려를 침공해 왔습니다. 하지만 안시성 전투, 평양성 전투, 사수 전투 등에서 고구려는 당나라의 대군을 모두 물리쳤습니다. 그 모습을 보고 겁을 먹은 당나라의 태종이, 고구려를 정벌하지 말라는 유언을 남길 정도였답니다. 하지만 연개소문의 독재는 고구려를 점점 위태롭게 했어요. 연개소문이 살아있는 동안에는 고구려는 그 누구도 넘볼 수 없는 나라였어요. 하지만 665년에 연개소문이 세상을 떠나자 그의 세 아들 사이에 권력다툼이 일어나 고구려는 결국 멸망의 길로 들어서고 말았어요.

660년에 이미 백제를 멸망시킨 당나라와 신라의 연합군은 668년, 남쪽과 북쪽에서 동시에 고구려를 공격해 왔고, 마침내 이세적이 이끄는 당나라 군대에 의해 평양성이 함락되고 말았어요. 이것으로 영광스러웠던 대제국 고구려는 역사에 마침표를 찍고 말았던 것입니다.

우리 민족의 고향, 부여

고구려의 시조 주몽이 어린 시절을 보냈고, 오랜 전쟁 끝에 고구려에 마침내 무릎을 꿇었던 부여는 어떤 나라였을까요? 쉽게 말해서, 부여는 우리 민족의 고향이라고도 할 수 있는 나라입니다.

아득한 옛날, 만주 송화강 유역에 세워진 부여의 시조는 동명왕이에요. 동명왕은, 고구려의 동명성왕과 이름이 비슷하여 같은 인물로 혼동되기도 하지요. 그런데 부여와 고구려는 건국 신화도 매우 비슷하답니다.

부여는 3세기 전후에 크게 발전하여 사방 2천여 리에 달하는 영토를 가지고 있었어요. 도읍은 부여성이었는데 나중에 고구려의 북부여성이 되었지요. 부여와 고구려는 본래 같은 민족이었지만 주몽이 고구려를 건국한 이후, 각자 다른 나라로 발전했답니다.

부여에서는 각 부족들의 장으로 이루어진 부족장 회의가 권력을 가졌고, 왕은 지도자라기보다는 제사장의 역할을 맡았습니다. 그래서 흉년이 들거나 나라에 큰 사건이 생기면 왕이 처형되거나 쫓겨나곤 했기도 했어요.

관직으로는 왕 아래 각 부족마다 마가 · 우가 · 저가 · 구가 · 견가 · 견사자 · 사자 등이 있었고 백성들은 주로 목축을 했어요. '가'는 각부족의 족장을 칭하는 말인데, 도성을 중심으로 독자적인 세력을 가지고 있었지요. 그 가운데는 수천 호를 거느린

대가가 있는가 하면 수백 호를 거느린 소가도 있었는데, 전쟁이 일어나면 자신들의 병력을 거느리고 왕에게 달려가곤 했답니다.

우리 민족을 일컫는 '백의민족'이라는 말은, 부여인들의 독특한 풍습에서 유래했답니다. 부여인들은 흰옷을 즐겨 입었고 장례를 지낼 때 입었던 상복도 흰색이었거든요. 또 부여에는 '순장'이라는 풍습이 있었는데, 권력자가 죽으면 그 무덤에 백여 명의 노예들을 한꺼번에 묻기도 했어요.

또한 형이 죽으면 동생이 형수를 데리고 사는 '형사취수제'라는 독특한 풍습도 있었는데, 후에 고구려에까지 이어졌어요. 이는 당시에 부족한 노동력을 보충하기 위해서였다고 해요. 부여에서는 매년 12월, '영고'라는 민속행사를 가졌는데, 이런 전통이 오늘날 추석이나 설 등의 명절로 이어진 것이랍니다.

부여의 인구는 약 8만 호 정도였고 철제 농기구와 말을 이용해 농사를 지었어요. 지배계층인 호족들은 토지를 독점하고 '하호'라는 하층민을 동원해서 농사를 지었습니다. 호족들은 족장을 비롯하여 제천의식을 집행하는 제사장, 철을 다루는 야금술사, 그 밖에 상업 등에 종사하여 부자가 된 사람들이었지요.

이들 외에 일반 백성인 '민호'가 있었는데, 그들은 각자 무기를 지니고 있다가 전쟁이 벌어지면 자신이 속해 있는 부족 족장의 지휘를 받았습니다. 부여의 노예들은 초기에는 주로 전쟁포로들이었지만 후기에는 죄를 지었거나 빚을 갚지 못한 민호들이 노예로 전락하기도 했습니다.

  부여는 평야지대에 위치하고 있어서 농산물은 풍부했지만 외적의 침입에는 매우 불리했어요. 그래서 3세기 중반 이후, 중국 대륙이 어지러워지자 북방의 유목민들이 몰려오는 바람에 곤란한 처지가 되고 말았습니다. 특히 남쪽의 고구려와 서쪽의 선비족은 부여에 커다란 위협이 되었어요. 결국 부여는 346년, 모용씨가 세운 전연의 공격으로 왕을 비롯하여 주민 5만여 명이 포로로 잡혀, 나라를 지킬 힘을 잃어버리고 말았어요. 그 뒤, 부여 왕실은 고구려에 의지하여 간신히 나라의 명맥만 유지하다가, 고구려 문자명왕 3년인 494년에 정식으로 고구려에 합병되었답니다.

어린이를 위한
고구려왕조실록

제국태동기
민족의 나라 고구려 우뚝 일어서다

고구려의 아버지 동명성왕 _20
(재위 : 기원전 37~기원전 19년)

국내성으로 수도를 옮긴 유리왕 _32
(재위 : 기원전 19~서기 18년)

부여를 복속시킨 전쟁영웅 대무신왕 _44
(재위 : 18~44년)

신하에게 암살당한 모본왕 _56
(재위 : 48~53년)

제국발흥기
중국과 싸우며 나라의 기틀을 세우다

고구려의 실질적인 건국자 태조왕 _64
(재위 : 53~146년)

명림답부의 그림자 신대왕 _72
(재위 : 165~179년)

명재상 을파소를 중용한 고국천왕 _78
(재위 : 179~197년)

형수의 도움으로 왕위에 오른 산상왕 _84
(재위 : 197~227년)

위나라 관구검과 싸운 동천왕 _92
(재위 : 227~248년)

관나부인을 수장시킨 중천왕 _102
(재위 : 248~270년)

소금 장수 출신의 미천왕 _110
(재위 : 300~331년)

백제와 싸우다 전사한 고국원왕 _116
(재위 : 331~371년)

차례

제국융성기
천하를 고구려의 말발굽 아래 두다

율령을 반포한 소수림왕 _122
(재위 : 371~384년)

동아시아의 대제국을 건설한 광개토대왕 _128
(재위 : 391~413년)

내정과 외교의 달인 장수왕 _136
(재위 : 413~491년)

제국쇠망기
영광의 제국, 역사 속에 저물다

고구려의 안정기를 이끈 문자명왕 _146
(재위 : 492~519년)

온달장군의 장인 평원왕 _154
(재위 : 559~590년)

수나라와 싸워 이긴 영양왕 _162
(재위 : 590~618년)

연개소문의 허수아비 보장왕 _176
(재위 : 642~668년)

동부여에서 탈출한 동명성왕이 나라를 건국한 이후 유리명왕과 대무신왕, 모본왕에 이르기까지 고구려는 주변의 작은 나라들을 복속시켜 끊임없이 영토를 넓혀갔습니다. 또 중국과의 끊임없는 투쟁을 통해 민족적인 자부심을 갖게 되었어요. 초기에 작은 부족국가에 불과했던 고구려가 훗날 대제국으로 성장할 수 있었던 것은, 이렇듯 꾸준히 세력을 키우면서도 문화 발전에도 힘을 쏟았던 고구려의 역대 왕들과 백성들의 단결된 마음이 있었기 때문이었습니다.

제국태동기

민족의 나라 고구려 우뚝 일어서다

고구려의 아버지 동명성왕
(재위 : 기원전 37~기원전 19년)

국내성으로 수도를 옮긴 유리왕
(재위 : 기원전 19~서기 18년)

부여를 복속시킨 전쟁영웅 대무신왕
(재위 : 18~44년)

신하에게 암살당한 모본왕
(재위 : 48~53년)

고구려의 아버지 동명성왕

(재위 : 기원전 37~기원전 19년)

고구려는 처음에는 아주 작은 나라였어요. 고주몽이 나라를 세울 당시에는 궁궐도 초가집이었고, 땅도 거칠어 농사도 잘 되지 않았답니다. 더군다나 고구려 백성들은 주변에 살고 있던 말갈족에게 몹시 시달리기까지 했습니다. 하지만 자신을 천신의 자손이라고 믿었던 주몽은, 그를 따르던 백성들에게 강한 자부심을 심어 주었어요.

그로 인해 고구려인들은 높은 긍지를 가지고 사방의 적들과 싸우며 열심히 살아갈 수 있었지요. 이제 고구려가 어떻게 시작되었는지 알아보기 위해 고구려의 신비로운 건국신화 속으로 들어가 보기로 해요.

부여의 왕 해부루는 나이가 들도록 아들이 없어 날마다 천지신명께 기도를 했습니다. 그러던 어느 날, 왕이 곤연이란 마을을 지나고 있었는데, 타고 있던 말이 커다란 바위를 보고 눈물을 흘리는 것이었어요. 이상하게 생각한 왕이 사람을 시켜 바위를 들어 보니, 그 아래에 금빛 광채를 띤 아기가 있었는데 얼굴이 개구리를 닮아 있었어요. 해부루는 하늘에 감사하며 아기의 이름을 금빛 개구리란 뜻의 '금와'라고 지은 다음, 태자로 삼았어요.

얼마 후, 해부루는 국상 아란불의 충고에 따라 도읍을 동해안의 가섭원으로 옮기고 나라의 이름을 동부여로 바꾸었어요. 그러자 얼마 뒤, 해부루가 떠나온 옛 도읍에 해모수란 사람이 나타나, 스스로 천제의 아들이라고 칭하며 북부여를 세웠어요.

세월이 흘러 해부루가 세상을 떠나자, 금와가 동부여의 왕이 되었습니다.

얼마 후, 금와왕은 태백산 남쪽 우발수에 갔다가 외딴 집에 갇혀 있는 아름다운 한 여인을 발견했어요. 왕이 사연을 묻자 그녀는 이렇게 대답했어요.

"저는 하백의 딸 유화입니다. 동생들과 물가에서 놀고 있는데 해모수라는 사람을 만났습니다. 그런데 해모수는 저를 웅심산 밑 압록강가로 데려가 사랑을 나눈 뒤, 떠나서 다시는 돌아오지 않았습니다. 그러자 아버지께서 화가 나서 저를 이곳에 가두어 둔 것입니다."

유화부인에게 마음이 끌린 금와왕은 그녀를 궁궐로 데려왔어요.

그런데 며칠 후, 유화부인이 움직일 때마다 몸에 햇빛이 비추는 일이 일어났어요. 그러더니 유화부인이 알 하나를 낳는 게 아니겠어요? 정말 이상한 일이었지요.

알은 크기가 작은 바가지만 했는데, 도무지 무슨 알인지 알 수가 없었어요. 괴이하게 여긴 금와왕은 그 알을 개와 돼지에게 먹이로 주었지만, 먹지 않는 것이었어요. 그래서 길가에 버려 두자 소와 말이 두려워하며 피해 갔고, 들판에 버리자 새들이 날아와 깃으로 감싸 주었어요. 사람을 시켜 도끼로 깨뜨려 보려고도 했지만 꿈쩍도 하지 않았지요. 그래서 하는 수 없이 알을 유화부인에게 다시 돌려 주었어요.

유화부인은 알을 따뜻한 곳에 두고 정성을 다해 돌보아 주었어요. 그러자 며칠 뒤, 한 사내아이가 알을 깨고 세상에 나왔어요. 몹시 영특하고 얼굴이 잘생긴 아이였지요. 아이가 일곱 살이 되자 유화부인은 '주몽'이란 이름을 지어 주었어요. 주몽은, 부여의 속어로 '활을 잘 쏘는 사람'이란 뜻이었답니다.

금와왕에게는 모두 일곱 명의 아들이 있었어요. 그 중 큰 아들인 대소는, 주몽이 자신과 형제들보다 뛰어난 것을 시기해서 틈만 나면 죽이려 했어요. 그리고 금와왕 역시 주몽을 경계하게 되어 마구간지기를 시켰습니다. 만일 말을 잘못 키우면 그 죄를 물어서 죽이려는 생각이었지요.

하지만 주몽은 이런 술책을 알아채고 좋은 말은

북한의 동명왕 제실에 있는 동명왕의 벽화
군사들과 행렬을 이루고 있는 동명왕(위)
어려서부터 말타기를 좋아했던 동명왕(아래)

동명왕 기념비 북한의 동명왕릉에 있는 기념비

양서(梁書)
7세기 초 당나라 태종 때 완성된 역사서. 이 책의 고구려전에는 고구려의 조상이 '동명'이라고 기록되어 있다.

덜 먹여 여위게 만들고, 나쁜 말은 잘 먹여서 살찌게 했어요. 금와왕은 이런 사실도 모르고 살찐 말만 보고 좋아했답니다.

"애야, 사람들이 모두 너를 시기하고 있으니 먼 곳으로 떠나서 나라를 세우거라."

어느 날, 유화부인은 주몽에게 이렇게 말했어요. 대소가 주몽을 죽이려 한다는 사실을 알게 되었기 때문이었어요.

주몽은 어머니의 말을 듣고 자신을 따르는 오이, 마리, 협보와 함께 길을 떠날 계획을 세웠어요. 그리고 비쩍 마른 말에게 여물을 듬뿍 먹여 통통하게 살을 찌워 명마로 키워 놓았지요. 드디어 떠나기 하루 전날, 주몽은 임신 중이던 아내 예씨에게 칼 한 토막을 건네주면서 이렇게 말했어요.

"장차 사내아이가 태어나면 이것을 가지고 나를 찾아오도록 하시오."

이윽고 주몽은 동료들과 함께 말을 달려 부여 땅을 빠져나갔습니다. 그 소식을 전해들은 대소가 군사들을 이끌고 맹렬히 뒤쫓아왔어요. 하지만 주몽은 바람처럼 달려 그들보다 훨씬 앞서 갔지요. 그런데 주몽 일행이 부여의 국경지대인 엄체수에 다다랐을 때, 강을 건너갈 배가 보이지 않았어요. 뒤를 돌아보니 멀리서 추격대가 달려오며 일으키는 먼지바람이 자욱하게 일어나고 있었어요. 그러자 주몽은 활로 물을 내리치면서 큰 소리로 외쳤어요.

"나는 천제의 손자요, 하백의 외손이다. 적들을 피해 이곳을 벗어나려는데 배가 없으니 어찌하면 좋겠느냐?"

그러자 이상한 일이 일어났어요. 갑자기 강에서 수많은 물고기와 자라 떼가 떠올라 강 저쪽까지 다리를 만들어 주는 것이 아니겠어요? 주몽 일행이 천제에게 감사하며 강을 건너자 물고기와 자라들은 다시 물 속으로 사라져 버렸습니다. 그래서 대소는 닭 쫓던 개처럼 그 모습을 멍하니 바라볼 수밖에 없었답니다.

드디어 금와왕의 그늘에서 벗어난 주몽 일행은 졸본부여의 영토인 모둔곡에 터를 잡고 힘을 키워 가기 시작했어요. 졸본부여의 왕 연타발은 주몽이 예사로운 인물이 아님을 알고 자신의 딸 소서노와 결혼시킨 다음, 함께 나라를 다스리게 했어요. 주몽은 부여에 아내 예씨가 있었지만 새로운 땅에서 세력을 키우기 위해 어쩔 수 없이 그 뜻을 받아들일 수밖에 없었답니다. 당시 소서노에게는 첫 번째 남편 우태와의 사이에서 얻은 비류와 온조라는 두 아들이 있었어요. 주몽은 그들을 친자식처럼 아끼고 사랑해 주었어요.

얼마 뒤 주몽은 모둔곡에서 베옷을 입은 재사, 장삼옷을 입은 무골, 그리고 마름옷을 입은 묵거라는 사람을 만나게 되었어요. 주몽은 이들에게 각각 극씨, 중실씨, 소실씨란 성을 주고 함께 새로운 나라를 세우기로 하였어요. 그리하여 그들은 험준하지만 기름진 땅인 졸본을 도읍으로 정하고, 비류수 상류에 집을 지어 궁궐로 삼은 다음, 나라 이름을 '고구려'라고 지었습니다. 그리고 주몽은 자신의 성을 고씨로 정했습니다.

이때가 기원전 37년, 주몽의 나이 22세 때였어요.

그러던 어느 날, 주몽은 채소 잎이 물에 떠내려 오는 것을 보고 비류수 상류에 나라가 있음을 알게 되었어요. 그 나라가 바로 비류국이었답니다. 고구려를 좀더 강하게 만들고 싶었던 주몽은, 비류국의 왕 송양과의 활쏘기 시합에서 이겨 비류국을 고구려의 한 가족으로 만드는 데 성공했어요. 주몽의 계루부와 송양의 소노부와의 연합이 이루어진 것이지요.

그렇게 4년이 지난 뒤에야 주몽은 비로소 성을 쌓고 궁궐을 지어 나라의 면모를 갖추었습니다. 나라의 기틀이 잡히자, 주몽은 오이와 부분노를 시켜 태백산 동남쪽에 있던 행인국을 정복해 영토를 넓혔어요. 또, 즉위 10년째인 기원전 28년에는 북옥저를 병합했습니다.

그리고 즉위 14년, 주몽의 어머니 유화부인이 동부여에서 세상을 떠났다는 소식이 들려왔어요. 주몽은 몹시 슬펐지만 자신의 목숨을 노리고 있는 대소왕이 있는 부여에 가지 못하고, 사신을 파견해 조의를 표할 수밖에 없었어요. 그로부터 5년 뒤, 동부여에서 주몽의 아들 유리가 생모와 함께 고구려에 찾아왔습니다. 유리 또한 주몽처럼 부여의 대소왕으로부터 위협을 받고 있었던 것이지요. 그리운 아내와 아들을 만난 주몽은 망설임 없이 유리를 태자로 삼았답니다.

그러자 주몽에게 실망한 비류와 온조는 어머니 소서노와 함께 한반도 남쪽으로 내려가 백제를 건국하게 되었어요. 그래서 고구려와 백제는 한 뿌리에서 출발했으면서도 계속 경쟁하는 사이가 된 것이지요. 그리고 그 해 9월, 주몽은 40세의 나이로 세상을 떠났습니다. 고구려 백성들은 어버이를 잃은 것처럼 슬퍼하며 그를 용산에 안장하고 시호를 '동명성왕'이라고 했습니다.

알면 재미있는 이야기

 동명왕일까, 추모왕일까?

중국의 집안에 있는 광개토대왕 비문에는 고구려를 건국한 사람이 '추모왕'이라고 기록되어 있어요. '어, 고구려의 시조는 동명왕이 아닌가요?' '참, 부여의 시조도 동명왕이라고 했는데……' 참 알쏭달쏭하지요? 진실은 과연 무엇일까요?

부여의 시조 동명왕과 고구려의 시조 동명성왕의 이름이 비슷한 것이 이상하지 않나요? 그런데 이렇게 생각해 보세요. 고려의 왕건도 태조라고 부르고, 조선의 이성계도 태조라고 부르는 것처럼 당시 사람들은 위대한 건국자를 동명왕이라고 불렀을 것이라고 말이에요. 추모왕은 그를 공경하는 자손들이 훗날 만들어 준 정식 명칭이고 말이지요. 서기 60년경에 씌어진 《논형》이라는 책에 나오는 다음과 같은 부여의 동명왕 신화는 고구려의 건국신화와 너무나 비슷하답니다.

동명왕 기념비
김일성이 비문을 썼다는 북한의 동명왕 기념비

"북쪽 이민족의 탁리국에 왕을 모시는 여자 시종이 임신을 하자, 왕이 그 시종을 죽이려고 했다. 그러자 여자 시종은 하늘에서 큰 기운이 내려와 임신을 하게 되었다고 답했다. 나중에 아이를 낳자 왕은 아이를 돼지우리에 버리게 했지만 돼지가 아이의 입에 숨을 불어넣어 죽지 않았다. 왕은 아이를 다시 마구간으로 옮겨 놓아 말에 밟혀 죽도록 했으나, 말들 역시 입으로 숨을 불어넣어 주어 죽지 않았다. 그러자 왕은 아이가 하늘 신의 자식일지도 모른다고 생각하여 아이의 어머니에게 노비로 거두어 기르게 했다. 그리하여 아이는, 동명이라 불리며 소나 말을 돌보면서 자라게 된다.

그런데 왕은 동명의 활솜씨가 뛰어난 걸 알고, 그에게 나라를 빼앗길 것이 두려워 그를 죽이려고 했다. 동명은 왕을 피해 남쪽으로 도망가다가 엄체수에 이르러 활로 물을 치니, 물고기와 자라가 떠올라 다리를 만들어 주었다. 그리고 동명이 건너가자 물고기와 자라가 흩어져 추적하던 병사들은 건널 수 없었다. 그는 부여에 도읍하여 왕이 되었다. 이것이 부여국이 생기게 된 유래이다."

고구려의 어머니, 소서노

소서노는 졸본부여의 왕 연타발의 딸이었어요. 그녀는 남편 우태가 일찍 세상을 떠나자, 동부여에서 온 주몽과 재혼했답니다. 그로 인해 주몽은 졸본부여의 부족들과 힘을 합칠 수 있게 되었어요. 그 결과, 부여의 이주민 세력과 졸본부여의 토착 세력이 손을 잡고 고구려라는 새 나라를 세울 수 있었던 것이지요.

소서노에게는 이미 전 남편 우태에게서 얻은 비류와 온조라는 두 아들이 있었어요. 그녀는 이들 가운데 한 사람이 주몽의 후계자로서 고구려를 다스리게 될 것이라고 믿었지요. 그렇지만 기원전 19년, 동부여에서 주몽의 아들 유리가 부러진 칼을 가지고 예씨와 함께 찾아오자, 주몽은 망설임없이 유리를 태자로 삼았어요.

이에 배신감을 느낀 소서노는, 두 아들과 함께 주몽의 곁을 떠나 한반도 남쪽으로 내려갔습니다. 소서노는 두 아들이 서로 협력해서 고구려보다 부강한 나라를 만들기를 원했어요. 그런데 비류와 온조는 의견이 서로 달라 다투다가 헤어져 미추홀과 하북위례성에 각자 자신들의 나라를 세웠어요. 그래서 비류백제와 온조백제로 갈라지게 된 것이지요.

소서노는 두 아들을 화해시켜 나라를 합치려 했지만 특히 온조가 말을 듣지 않았어요. 소서노는 그것이 오간과 마려 등 온조를 부추기는 열 명의 신하 때문이라고 생각하고, 그들을 죽이기 위해 위례성을 기습 공격했습니다. 하지만 이를 눈치챈 오간과 마려의 역습으로 인해, 도리어 목숨을 잃고 말았답니다. 위대한 여걸의 어이없는 죽음이었지요.

이 사건으로 인해 온조는 충격을 받고 "어머니와 같은 성덕이 없고서는 이 땅을 지킬 수 없다"고 하며 하남의 위례성으로 도읍을 옮기게 됩니다. 소서노가 백제에서 얼마나 큰 인물이었는지 말해 주는 대목이지요. 세계 역사를 보더라도 여인으로서 나라를 세운 일은 드물답니다. 그런데 소서노는 고구려와 백제 두 나라를 세우는 데 기여한 셈이니, 정말 대단하지 않나요? 그래서 신채호 선생은 《조선상고사》에서 소서노를 '두 나라를 건국한 조선 유일의 창업 여제왕'이라고 칭송하고 있답니다.

송양은 누구일까요?

송양은 오랜 역사를 가진 비류국의 왕이었어요. 비류국은 비류수 상류에 있었는데 송양은 오래된 궁궐을 가지고 있었고, 스스로를 선인의 후예라고 자부했어요. 이는 주몽이 자신을 천제의 손자라고 한 것과 비슷한 표현이지요. 그는 고구려를 세우고 세력을 넓혀 가던 주몽과 여러 차례 전쟁을 벌였습니다.

고려 시대의 학자 이규보의 《동명왕편》에 의하면, 송양이 주몽과 활쏘기 시합을 해서 패하게 되어 나라를 넘겨주었다고 해요. 이것은 송양이 주몽과의 전쟁에서 패배했다는 뜻이 되겠지요? 어쨌든 고구려에 나라를 바친 뒤에도 송양은 계속해서 그 지역을 통치했어요.

그 당시 고구려에서는 비류국을 '다물도'라 불렀으므로, 송양을 '다물도주'라고 부르기도 했답니다. 송양은 비류국의 다섯 부족 가운데 소노부 출신이었어요. 그의 후손들은 대대로 소노부의 대표가 되었고 '고추가'라 불렸지요. 한편, 송양의 딸은 유리왕과 결혼해서 왕비가 되었지만 일찍 세상을 떠났답니다.

오녀산성

🏵 고구려의 첫 도읍지, 오녀산성

오녀산성은 주몽이 동부여를 빠져나와 고구려를 세우고 처음 도읍으로 정한 곳이에요. 지금의 중국 랴오닝성 환인현 북동쪽이었지요. 광개토대왕릉비에는 '추모왕이 비류곡 홀본의 서쪽 산 위에 성을 쌓고 도읍으로 삼았다' 라고 씌어 있는데, 이 성이 바로 오녀산성이라고 합니다.

이 성은 해발 820m의 천연요새로, 성의 동쪽에서 약 1.8m의 성벽이 발견되었고, 꼭대기에는 약 0.9m 깊이의 연못과 우물이 있어요. 또 산기슭의 고력묘자촌에는 수백 기에 이르는 고구려 돌무지 무덤이 있었지만, 1970년대 초에 환인댐이 건설되자 물 밑에 가라앉고 말았답니다. 오녀산성의 신비한 자태를 보면, 금방이라도 고구려 무사들이 말을 타고 달려 내려올 것 같지 않은가요?

🏵 동명왕릉은 어디에 있나요?

현재 북한의 평양시 역포구역 무진리 왕릉동(옛 중화군 진파리)에 고구려의 시조인 동명왕의 능이 있답니다. 1974년에 처음 발굴하였고, 1994년에 대대적으로 개축되었습니다. 한때 도굴꾼들에 의해 피해를 입기도 했지만, 꽃무늬 금동 장식품과 머리핀, 금관못, 은관못 등이 발견되었지요.

벽화로는 직경 12cm의 연화문이 벽면과 천장에 가로 세로 4.2cm 간격으로 약 640개 정도가 그려져 있어요. 능의 앞뒤에는 딸린무덤이 있고, 앞쪽 120m 되는 지점에는 고구려의 절터인 정릉사지가 있답니다. 학자들은 여러 가지 자료들을 종합해 본 결과, 이 능이 5세기 초에 옮겨 만든 동명왕릉이 틀림없다고 한답니다.

동명왕릉

국내성으로 수도를 옮긴 유리왕

(재위 : 기원전 19~서기 18년)

 어린이 여러분, 우리는 앞서 주몽이 금와왕과 왕자들의 박해를 피해 동부여를 탈출했던 이야기를 살펴보았지요. 그 뒤에 주몽의 부인 예씨는 동부여에 남아, 홀로 아들 유리를 낳았어요. 유리는 아버지 주몽을 닮아 몹시 영특했을 뿐만 아니라, 말을 잘 탔고 활도 잘 쏘았어요. 그렇지만 유리는 아버지 주몽이 그랬던 것처럼 어린 시절, 온갖 설움을 견디며 자라나야 했어요.

당시 부여에서는 주몽을 배신자라고 생각하고 있었으니, 주몽의 아들 유리에 대한 학대는 이루 말할 수 없을 정도였지요. 그것도 부족해서 대소 왕자가 수 차례 유리를 죽이려 했지만, 할머니인 유화부인이 금와왕에게 간곡히 부탁한 덕분에, 겨우 목숨을 부지하고 있었지요. 그러나 유리가 청년이 되자 그 동안 방패막이가 되어 주었던 유화부인이 세상을 떠나게 되었어요.

"유리야, 할머니는 더 이상 너를 보호해 줄 수 없구나. 이제 네 아버지를 찾아갈 때가 된 것 같다."

유화부인은 숨을 거두면서 이렇게 말해 주었어요. 그래서 유리는 주몽이 남긴 부러진 칼을 들고 어머니와 함께 아버지를 찾아 나섰답니다. 이들은 천리 길을 헤매다니며 이리저리 수소문한 끝에, 간신히 고구려의 도읍인 졸본성에 도착할 수 있었습니다. 오랫동안 헤어져 있던 가족들이 드디어 만나게 된 것이지요.

주몽은 늠름하게 자란 아들을 보자, 몹시 반가워하며 망설임 없이 태자로 삼았어요. 그러자 그 동안 자신들이 후계자가 될 것으로 믿었던 비류와 온조는 깜짝 놀랐어요. 하루 아침에 모든 꿈이 무너져 내린 것이었지요.

그로부터 몇 달 뒤, 주몽이 세상을 떠나게 되자 유리는 별다른 저항 없이 고구려의 제2대 왕이 되었어요. 그것은 부여 유민 세력이 졸본 땅의 토착세력과 권력을 다투어 승리했다는 것을 말해 주고 있지요. 그래서 비류와 온조는 하는 수 없이 어머니 소서노와 함께 고구려를 떠나 백제를 건국하게 되었지요.

우리에게 유리왕은 '황조가'의 주인공으로 잘 알려져 있어요. '황조'란, 꾀꼬리를 뜻하는 한자어랍니다. 그러므로 황조가는 꾀꼬리 노래라는 뜻이지요. 예전부터 황조가는 국어 교과서에 빠지지 않고 실리는 유명한 작품이지요. 그런데 유리왕은 어떻게 해서 이 노래를 짓게 되었을까요?

유리왕은 왕위에 오르자마자 커다란 어려움을 겪어야 했습니다. 비류와 온조가 수많은 사람들을 이끌고 고구려를 떠났기 때문이지요. 유리왕은 나라를 튼튼히 하기 위해서는 새롭게 자신을 지지하는 세력을 만들어야 했습니다. 그래서 골천 출신의 '화희'라는 여인을 새 왕비로 맞이했어요. 이것은 유리왕이 골천이라는 지역의 부족과 힘을 합쳤다는 뜻이지요. 일찍이 아버지 주몽이 소서노와 결혼한 것과 똑같은 방법이었어요. 그런 것을 바로 '정략결혼'이라고 한답니다.

유리왕은 즉위 2년에 다물도주 송양의 딸인 송씨와 결혼한 적이 있었어요. 하지만 송왕비는 병으로 일찍 세상을 떠났어요. 송왕비를 깊이 사랑했던 유리왕은, 뒤에 정략결혼으로 맞이한 화희에게는 그리 마음을 주지 않았습니다. 그리고 송왕비가 보고 싶어지면 숲으로 가서 사냥을 하면서 외로운 마음을 달랬답니다.

그렇게 사냥터에서 짐승을 쫓던 어느 날이었어요. 유리왕은 깊은 숲 속에서 송왕비를 닮은 처녀가 빨래하고 있는 모습을 보게 되었어요. 그녀의 이름은 '치희'였는데, 아버지는 한족이었지요. 치희에게 반한 유리왕은 화희가 사는 동궁 맞은편에 서궁을 짓고 그곳에 그녀를 데려와서 살게 했습니다. 그리고 화희를 동궁왕후, 치희를 서궁왕후에 봉했어요.

이런 유리왕의 처사에 화희는 몹시 기분이 나빴습니다. 그래서 화희는 틈만 나면 유리왕에게 치희를 내보내라고 간청했으며, 왕이 자리를 비울 때마다 치희를 괴롭혔습니다. 하지만 유리왕은 화희를 함부로 대할 수 없었습니다. 그녀가 속한 골천 부족의 도움이 없다면 자신은 금방 종이 호랑이처럼 힘을 잃을 지도 모른다고 생각했으니까요. 이래저래 마음을 잡을 수 없었던 유리왕은 어느 날, 기산으로 사냥을 떠났습니다. 그러자 그 틈을 타 화희가 또 다시 서궁에 있는 치희에게 달려가 꾸짖었어요.

"너는 천한 한족의 몸으로 어찌 대왕의 사랑을 받으려 하느냐! 당장 고향으로 돌아가지 않으면 가만두지 않겠다!"

그렇게 모욕을 당한 치희는 그 길로 짐을 싸서 궁을 나가버렸습니다. 얼마 뒤, 사냥을 마치고 돌아온

국내성 터
환도산성과 함께 축성연대가 확실한 우리나라 최초의 도성

동명성왕 제실의 벽화
아버지와 만나는 유리

유리왕은 그 일을 전해 듣고 급히 치희의 뒤를 쫓아갔어요. 한족들이 사는 마을로 넘어가는 고갯마루에서 유리왕은 겨우 치희를 따라잡을 수 있었어요. 하지만 치희는 함께 궁으로 돌아가자는 유리왕의 말에 고개를 저었습니다.

"전하, 저는 더 이상 동궁왕후의 학대를 견딜 수 없습니다. 용서해 주세요."

그러면서 치희는 눈물을 떨구었습니다. 그도 그럴 것이, 궁궐 안에는 모두 화희 쪽 사람들뿐이었거든요. 치희가 계속 버티다가는 무슨 일을 당할지 알 수 없었지요. 유리왕은 더 이상 그녀를 잡을 수 없었어요. 다만 슬픔을 가눌 길 없어 눈물이 글썽한 채 고개를 돌렸습니다. 그때, 숲에서 한 쌍의 꾀꼬리가 정답게 노니는 모습이 유리왕의 눈에 들어왔어요. 그러자 유리왕은 처량한 마음으로 이렇게 읊조렸답니다.

펄펄 나는 저 꾀꼬리 암수 서로 정답구나.
외로워라. 이내 몸은 뉘와 함께 돌아갈까.

유리왕은 즉위 11년부터 대대적으로 선비족 토벌에 나섰습니다. 선비족은 옛날에는 매우 강성했지만, 흉노족에게 패한 뒤로 험한 산속에 모여 살면서 고구려의 국경을 자꾸 침입하고 있었어요. 유리왕은 명장 부분노의 전략에 따라 선비족을 성에서 끌어 낸 다음, 양쪽에서 동시에 공격하는 방법을 써서 대승을 거두었습니다. 그래서 오랜 골칫거리였던 선비족을 고구려에 복속시켰지요.

《삼국사기》에는 유리왕이 즉위 22년인 서기 3년 10월에, 국내성으로 도읍을 옮기고 위나암성을 쌓았다고 기록되어 있어요. 그런데 여기에는 재미있는 일화가 전해지고 있답니다. 도읍을 옮기게 된 것이 우습게도 돼지 때문이었다는군요. 당시 고구려에서는 매년 하늘에 제사를 지내 천신에게 감사하고 그 해의 길흉화복을 점쳤는데, 제물이 바로 돼지였습니다. 그래서 제관들은 제물로 정해진 돼지를 잘 키우고 관리해야 했어요. 그런데 유리왕 19년 8월, 막 제사를 지내려는데, 제물인 돼지 한 마리가 매어 놓은 줄을 끊고 달아나 버렸습니다.

그러자 돼지 담당 제관 두 사람이 기를 쓰고 쫓아가 마침내 장옥택이라는 곳에서 돼지를 사로잡을 수 있었어요. 하지만 돼지가 심하게 버둥거리자 제관들은 하는 수 없이 칼로 뒷다리의 힘줄을 끊어 움직이지 못하게 한 다음, 제단에 올려 놓았습니다. 그런데 제사를 지내려던 유리왕이 돼지를 살펴보고 크게 화를 냈어요.

"어찌 천신께 상처를 낸 제물을 바칠 수 있겠느냐!"

결국 돼지에게 상처를 입힌 죄로 인해, 두 제관은 구덩이에 산 채로 파묻히는 형벌을 받았어요. 몹시 끔찍한 일이었지만 그만큼 천신의 자손으로 자부하고 있던 고구려 왕실이 제사를 중요시했다는 증거가 되겠지요?

그런데 얼마 후, 유리왕이 원인 모를 병으로 앓게 되었는데, 아무런 약도 들지 않았어요. 그래서 무당을 불러 알아보니, 죽은 두 제관의 원한 때문이라는 점괘가 나왔습니다. 그제야 자신의 처사가 너무 심했다고 생각한 유리왕은, 두 사람의 무덤에 신하를 보내 사과했더니 병이 나았다고 합니다. 그렇지만 제관들의 원한이 깨끗이 가시지는 않았던 모양이에요. 이듬해, 태자 도절이 병에 걸려 갑자기 죽는 불행이 닥쳐왔으니까요.

 그런데 유리왕 21년 3월에 또 다시 돼지 소동이 일어났습니다. 이번에도 제물이 될 돼지가 줄을 끊고 도망을 쳤던 것이지요. 그러자 제관인 설지가 돼지의 뒤를 쫓았는데, 자칫 돼지에게 상처라도 생기면 큰일이었으므로 조심조심 따라갔어요. 그는 이전의 제관들처럼 억울한 죽음을 당하고 싶지 않았던 것이지요. 설지는 한참을 쫓다가 위나암이란 고장에 이르러 마침내 돼지를 생포할 수 있었어요. 겨우 돼지를 되찾아온 설지는 유리왕에게 이렇게 말했습니다.

 "돼지가 위나암까지 저를 인도한 것은 하늘의 뜻이라고 생각합니다. 그곳은 땅이 비옥해서 농사짓기에도 좋고 주변의 산세가 험해서 적을 막기에도 안성맞춤이었습니다. 대왕께서는 부디 위나암으로 도읍을 옮기십시오."

 설지의 말에 솔깃해진 유리왕이 직접 위나암으로 가서 주위를 살펴보니, 과연 설지의 말 그대로였어요. 그래서 유리왕은 이듬해 위나암에 성을 쌓고 도읍을 옮겼습니다. 위나암에 쌓은 성은 왕궁을 에워싼 안쪽의 성이었고, 국내성은 도읍 전체를 둘러싼 바깥쪽의 성을 말한답니다. 그래서 최근에는 둘을 합쳐 국내성이라고 부르고 있어요.

현재 광개토대왕릉비를 비롯한 많은 유물이 남아 있는 중국의 압록강 북쪽 집안 지역이 바로 고구려의 두 번째 도읍인 국내성입니다. 재미있게도 국내성은 제물인 돼지로 인해 대제국 고구려의 도읍이 된 것이지요. 그런데 정말 돼지가 그곳으로 도망친 것이 하늘의 뜻이었을까요?

유리왕은 즉위한 뒤, 열심히 나라의 힘을 키웠지만 부여에 비하면 아직 고구려는 약한 나라였어요. 당시 포악했던 부여의 대소왕은 조공을 보내라거나 태자를 인질로 보내라는 등의 요구로 고구려를 몹시 괴롭히고 있었어요. 그러다 마음에 차지 않으면 군대를 동원해 공격해 오곤 했어요.

이런 상황에서 유리왕이 선택한 것이 바로 도읍을 안전한 곳으로 옮기는 방법이었어요. 국내성은 주변의 높은 산들에 둘러싸여 있고, 땅이 비옥해 백성들도 살기 좋고, 부여의 공격에도 효과적으로 대비할 수 있었어요. 그러니까 여러 가지 상황을 고려해서 도읍을 옮긴 것이지요. 돼지 이야기는 사실 재미있는 일화일 뿐이랍니다. 실제로 고구려는 국내성으로 도읍을 옮긴 후부터 나라를 크게 키울 수 있었답니다.

지금도 국내성 일대에는 많은 고구려 유적과 유물들이 남아 있습니다. 장군총, 환도산성, 오회분 5호묘, 태왕릉 등이 모두 이곳에 모여 있지요. 그래서 427년, 장수왕이 넓은 평야 지대에 위치한 평양으로 도읍을 옮길 때까지 국내성은 오랫동안 고구려의 정치, 경제, 문화의 중심지로 크게 번영했어요. 유리왕에게는 모두 6명의 아들이 있었어요. 도절과 해명, 무휼, 여진, 색주, 재사가 그들이었지요. 그 중 도절은 일찍 세상을 떠나고, 해명은 스스로 목숨을 끊었으며, 여진은 물에 빠져 목숨을 잃었어요. 남은 세 아들 중에 무휼이 유리왕의 뒤를 이어 고구려의 3대 대무신왕이 되었고, 색주는 4대 민중왕이 되었지요. 재사는 자신이 왕이 될 차례가 되자 나이가 많아서 아들에게 양보했는데, 그 아들이 바로 고구려의 발전의 기틀을 마련한 태조대왕이었답니다.

유리왕은 첫째 왕자 도절이 죽자 몹시 슬퍼했지만, 둘째 왕자인 해명은 항상 두려워했어요. 해명은 키가 크고 힘이 장사인데다 기개가 남달라 많은 사람들이 그를 따르고 있었기 때문이지요. 그래서 국내성으로 도읍을 옮길 때도 해명은 졸본성에 남겨 두어 주변 부족들을 다스리게 했어요. 그리고 천도한 다음 해에 이르러서야 할 수 없이 해명을 태자로 봉했습니다.

그로부터 4년 뒤, 이웃 나라인 황룡국 사신이 졸본성으로 해명태자를 찾아왔어요. 황룡국에서는 특별히 만든 튼튼한 활을 해명에게 주어 시험했어요. 만일 해명이 그 활을 잘 다루지 못하면 안심하고 쳐들어올 생각이 분명했습니다. 그 낌새를 알아챈 해명은, 있는 힘을 다해 활을 잡아당겼습니다. 그러자 활이 '뚝' 하고 부러졌지요. 그것을 본 황룡국 사신의 얼굴은 사색이 되었어요.

"당신 나라의 활은 모두 이렇게 약합니까?"

해명은 사신을 마음껏 비웃어 주었어요. 그 일을 전해 들은 황룡국의 왕은 유리왕에게 사신을 보내, 해명태자가 예의없는 짓을 했다고 따졌습니다. 그러자 유리왕은 해명을 황룡국에 보낼 테니 마음대로 처리하라고 했어요. 아버지로서 다른 사람에게 자식의 목숨을 맡기다니, 참 끔찍한 일이 아닐 수 없네요. 어쩌면 유리왕 자신이 어렸을 때 아버지의 사랑을 받아 본 적이 없어서 그런 게 아닐까 싶군요.

해명태자는 죽으러 가는 길인 줄 알면서도 당당한 태도로 황룡국에 갔어요. 이런 해명에게 감동한 황룡국의 왕은 그를 죽이지 않고 오히려 잘 대접해서 다시 고구려로 돌려보냈습니다. 유리왕은 해명이 그 일로 자신을 공격하지 않을까 두려웠습니다. 그래서 해명에게 편지와 칼을 보내 스스로 목숨을 끊도록 명했습니다.

"네가 내 뜻을 어기고 제 힘만 믿어 이웃 나라와 원한을 쌓았으니, 자식으로서 도리가 아니다."

그러자 해명태자는 이렇게 탄식했습니다.

"내가 황룡국의 왕이 보낸 활을 꺾은 것은 우리나라를 가벼이 생각할까 염려해서였다. 하지만 아버지께서는 그 일로 나를 불효자라 하시니 어찌 하늘을 이고 살아갈 수 있겠는가."

그리고는 여진 땅 동쪽 언덕으로 가서 창을 땅에 꽂아 둔 다음, 스스로 몸을 날려 찔려 죽고 말았습니다. 그때가 서기 9년, 21세의 꽃다운 나이였지요.

그 뒤, 유리왕은 부여의 공격을 학반령 아래서 물리친 셋째 아들 무휼을 태자로 삼았습니다. 그리고 장수인 오이와 마리를 파견해서 서쪽의 양맥을 정벌했고, 한나라의 현도군에 속해 있던 고구려현을 습격했습니다.

이렇듯 숱한 일화와 사건을 남긴 유리왕은 즉위 37년 10월, 두곡이라는 지방에서 파란만장한 삶을 접었어요. 왕릉은 두곡의 동쪽 언덕에 만들었는데, 시호는 '유리명왕'이었습니다.

알면 재미있는 이야기

명장 부분노를 아시나요?

부분노는 동명성왕과 유리왕 때의 장수입니다. 《동명왕편》을 보면, 그는 동명성왕을 위해서 비류국으로 가서 고각을 훔쳐다 주었다고 해요. 고각이란, 북과 나팔을 말하는데, 당시에는 국가의 매우 중요한 상징물이었지요. 그 후, 비류국의 송양왕이 사신을 보내 항의하자 고각에 오래된 것처럼 색칠을 해 놓고 이렇게 큰소리를 쳐 쫓아보냈습니다.

"보아라. 이것이 어찌 비류국의 고각이란 말인가?"

이 일로 인해 부분노는 고구려에서 신임받는 신하가 되었어요. 부분노는 기원전 32년, 오이와 함께 태백산 동남의 행인국을 쳐서 복속시켰고, 기원전 9년에는 선비족의 복속에 앞장섰습니다. 부분노는 고구려 군대가 선비족을 두려워한다는 소문을 퍼뜨려 그들을 방심하게 했어요. 그리고는 유리왕으로 하여금 선비족이 버티고 있는 성을 공격하는 척하다 거짓으로 후퇴하게 했지요.

"역시 고구려군은 겁쟁이야."

이렇게 생각한 선비족은 성문을 열고 나와 고구려군을 추격했습니다. 그러자 숲 속에 숨어 있던 부분노의 군대가 나타나 성을 점령한 다음, 선비족에게 맹공격을 가했어요. 많은 병사를 잃고 사기가 땅에 떨어진 선비족은 어쩔 수 없이 항복하고 말았지요. 골칫거리였던 선비족 문제가 해결되자 유리왕은 크게 기뻐하면서 부분노에게 상으로 땅을 주려 하자, 부분노는 고개를 저었어요.

"오늘의 승리는 대왕의 덕이 훌륭한 탓입니다. 제게 무슨 공이 있겠습니까?"

그러자 감동한 유리왕은, 땅 대신 황금 30근과 뛰어난 말 열 필을 주었어요. 이처럼 용감하면서도 겸손했던 부분노는 고구려 건국 초기에 활약했던 최고의 명장이었답니다.

고구려 사람들은 어떤 종교를 믿었을까요?

고구려 사람들은 최고의 신이라고 믿던 천신을 비롯해 고등신·부여신·해와 달의 신·수신·조상신·농사의 신·불의 신 등을 믿었습니다. 고등신은 나라를 세운 동명성왕이었고, 부여신은 왕의 어머니 유화부인이었어요.

고구려 사람들은 특히 매년 10월에 하늘에 제사를 지내는 동맹(또는 동명) 축제를 했습니다. 이때 가장 중요한 의식은 나라의 동쪽에 있는 큰 굴에서 수신을 맞이해 강가로 모셔 제사를 지내는 것이었습니다. 이는 태양의 빛으로 변신한 해모수의 기운을 받은 유화부인이 주몽을 탄생시킨 것을 재현하는 행사였지요. 왕이 직접 주관하는 이 행사를 통해 고구려 사람들은 자신들이 천신의 후손임을 확인했어요. 이 날 왕과 귀족들은 비단에 수놓은 의복과 화려한 장신구로 치장하고 식장에 나오며, 행사 후에는 함께 노래하고 춤추는 화합의 축제를 벌였습니다.

고구려에는 고유 종교를 받들었던 장소마다 고주몽을 모신 사당이 있었고, 수신을 맞이한 동굴과 여러 신을 모신 신전이 곳곳에 있었습니다. 특히 국내성 지역의 동대자 유적은 고구려 고유 종교의 신전으로 널리 알려져 있어요. 훗날 국교가 된 불교는 제17대 소수림왕 때에 이르러서야 받아들인 것이지요.

국동대혈
고구려의 제천행사인 '동맹'이 거행되었던 곳으로, 중국 지린성 집안현 동쪽에 있다.

알면 재미있는 이야기

부여를 복속시킨 전쟁영웅 대무신왕
(재위 : 18~44년)

대무신왕은 유리왕의 셋째 아들로, 이름은 무휼입니다. 어머니는, 일찍 세상을 떠나 유리왕이 항상 그리워했던 비류국왕 송양의 딸 송씨였어요. 대무신왕은 어렸을 때부터 부여와 전쟁을 거듭했고 마침내 동부여를 복속시키는 데 성공했습니다. 또한 한나라 요동태수의 공격을 물리쳤고, 낙랑국을 합병하는 등 눈부신 업적을 쌓았어요. 대무신왕은 고구려를 국제무대에 처음으로 등장시켰으며 을두지나 송옥구 같은 인재를 등용해서 중앙집권적인 정치체제의 기초를 확립했습니다.

그가 역사에 등장하는 것은 유리왕 32년, 형인 해명태자가 억울하게 자결하던 해였어요. 서기 9년, 고구려에 부여의 사신이 와서 고구려에 조공과 함께 태자를 인질로 보내라는 협박을 했습니다. 당시 부여는 고구려보다 군사력이 강했으므로 유리왕과 신하들은 그 요구에 응하지 않을 수 없는 상황이었지요. 그런데 그때, 불과 여섯 살이었던 무휼이 부여의 사신에게 말했습니다.

"고구려와 부여는 그 동안 평화로운 관계를 유지해 왔는데, 이렇듯 무리한 요구를 해서 전쟁이라도 벌어지게 된다면 부여 또한 무사하지 못할 것입니다."

어린 무휼의 조리 있는 경고에 부여의 사신은 할 말을 잃고 발걸음을 돌렸어요. 당시 부여왕이었던 대소는 사신의 보고를 받고 불같이 화를 냈습니다. 그로부터 4년 뒤, 부여는 대군을 동원해서 고구려를 공격해 왔어요. 유리왕을 비롯한 대신들은 사색이 되었지요. 그 때 열 살이었던 어린 무휼은 유리왕에게 이렇게 건의했습니다.

"적은 군대의 수가 많은 것만을 믿고 방비가 허술할 테니 기습을 한다면 승산이 있습니다."

과연 무휼의 작전대로 고구려는 학반령 아래에 군대를 숨겨 두었다가 부여의 군대를 기습공격해서 대승을 거두었습니다. 그로 인해서 부여는 커다란 타격을 받고 한동안 고구려를 넘보지 못했답니다. 유리왕은 이런 무휼의 총명함을 인정하여 태자로 삼았어요.

대무신왕은 즉위하자마자 대소왕이 통치하고 있던 부여와 나라의 사활을 건 싸움을 시작합니다. 물론 그때까지도 고구려의 힘이 부여에 미치지 못했지만 언제까지나 그들의 위협을 참고 견디며 살아갈 수는 없는 일이었지요. '대무신'이란 '대단히 싸움을 잘하는 신'이란 뜻이니, 대무신왕이 왕위에 있는 동안 얼마나 많은 싸움을 벌였는지 짐작할 수 있겠지요?

대무신왕은 즉위 4년째인 서기 21년 겨울, 대군을 이끌고 동부여 정벌에 나서게 됩니다. 그런데 그때 이상한 징조가 있었어요.

대무신왕이 군사들과 함께 비류수를 건너기 직전, 강가에서 한 여인이 대무신왕을 찾아와 솥을 하나 바쳤습니다. 그런데 그 솥은 불을 지피지 않아도 저절로 물이 끓고, 밥을 아무리 퍼내도 바닥이 드러나지 않는 신기한 솥이었어요. 때문에 고구려군은 군량미 걱정을 하지 않아도 되었지요.

이 일은 배고픔에 시달리면서 싸우던 고구려 군사들에게 희망을 주기 위해 만들어 낸 상징적인 이야기일 거예요. 《삼국지》에서 조조가 갈증으로 고생하는 군사들에게 '저 산만 넘으면 매실밭이 있다'라고 말해서 입 안에 침이 고이게 하여 위기를 넘긴 것과 비슷한 이야기이지요.

또 키가 9척이나 되는 거인 괴유와 창을 잘 쓰는 장수 마로가 대무신왕을 찾아와 부여 공격의 선봉장이 되었어요. 이처럼 유능한 인물들이 스스로 왕에게 찾아왔다는 것은 전쟁에 승리하고 나라가 크게 발전할 것이라는 암시가 아니겠어요?

대무신왕은 사기가 크게 오른 군사를 이끌고 진격을 거듭해서, 이듬해 2월, 부여의 국경에 다다랐어요. 그런데 그 곳은 비류수 유역의 진흙밭이었어요. 장소가 싸움을 하기에 마땅치 않다고 생각한 대무신왕은, 평지에 진을 치기 위해 군대를 이동시켰어요. 그러자 대소왕이 이끄는 부여군이 기습공격을 해 왔어요. 오랜 행군으로 지친 고구려군은 예상치 못한 공격에 몹시 당황할 수밖에 없었습니다.

"고구려군을 한 놈도 남기지 말라!"

오래 전부터 매복하고 있던 부여군은 고구려군을 겹겹이 포위한 다음, 맹렬하게 공격해 왔습니다. 우왕좌왕하다 많은 군사들이 목숨을 잃은 고구려군은 전멸할 지경에 빠져들고 있었어요. 그때, 승리감에 도취한 부여의 대소왕이 급히 몸을 피하는 대무신왕을 발견하고 추격해 왔습니다.

"저기 있는 고구려의 왕의 목을 베어 오는 사람에게 큰 상을 내리겠다."

그런데 신이 난 대소왕은 주위를 살피지 않고 달려가다 타고 있던 말이 그만 진흙밭에 빠져 버리고 말았어요. 갑작스런 사태가 벌어지자 대소왕은 오도 가도 못하고 어쩔 줄을 몰라 했습니다. 그때 대무신왕의 곁에 있던 거인장수 괴유가 성큼성큼 진흙밭을 헤치고 걸어가 긴 칼로 대소왕의 목을 단숨에 베어 버렸습니다.

"부여의 왕을 죽였다!"

괴유가 큰 소리로 외치자 고구려군은 환호성을 올렸어요. 그런데 부여군들은 자신들의 왕이 죽었음에도 낙담하지 않고 더욱 사납게 고구려군에게 달려들었습니다. 그러자 오히려 고구려군이 이런 기세에 휘말려 힘을 쓰지 못하고 있었어요.

이때 하늘의 도우심이었는지, 갑자기 짙은 안개가 드리워, 아군과 적군을 구분하게 힘들게 되었어요. 그러자 고구려군은 대무신왕의 은밀한 명령을 받고 허수아비를 세워 부여군의 눈을 속인 뒤, 가까스로 그곳을 빠져 나올 수 있었습니다. 이 전쟁은 대소왕의 목을 벤 것을 빼고는 고구려군의 대패였지요. 지친 몸으로 국내성으로 돌아온 대무신왕은, 여러 신하들에게 이렇게 사과해야 했습니다.

"내가 너무 흥분한 나머지, 섣불리 진격해서 우리 군사들을 잃었으니 여러분들을 볼 낯이 없소."

왕의 솔직한 사과는 낙담했던 고구려인들을 다시 뭉치게 하는 계기가 되었습니다. 그래서 고구려는 전쟁에서는 패배했지만, 역사에서는 승리할

수 있었던 것이지요.

　반면에 전쟁에서 승리한 부여는 달랐습니다. 대소왕이 죽자 부여의 왕족들은 왕위를 놓고 다툼을 벌이기 시작했어요. 이렇듯 나라 안에 심한 혼란이 일어나자, 대소왕의 아우는 부여의 멸망을 예견하고 재빨리 도망쳐서 압록강 근처에 '갈사국'이라는 나라를 세웠습니다. 또, 대소왕의 사촌 동생은 1만여 명의 부여 백성들을 이끌고 고구려에 항복해 왔어요.

　이렇게 해서 고구려는 아무 힘도 들이지 않고 부여 땅을 차지하게 되었어요. 그로 인해 국력이 크게 강해진 고구려는, 여세를 몰아 백두산 근처에 있던 개마국과 구다국을 차례차례 복속시켰습니다.

　즉위 11년째인 28년에 대무신왕은 한나라의 군현 세력과 첫 싸움을 벌였어요. 그 해 7월에 한나라의 요동태수가 대군을 이끌고 고구려를 공격해 온 것이지요. 당시 왕망의 신나라를 멸망시키고 중국을 재통일한 후한의 광무제는 호시탐탐 대륙을 노리는 북서쪽의 흉노를 견제하기 위해 먼저 고구려를 제압해 놓으려고 했어요.

당시 군사력을 비교해 보면 고구려로서는 도저히 한나라 군대를 이길 수 없는 처지였습니다. 때문에 대무신왕은 재상 을두지의 의견에 따라 국내성에 있던 사람들과 식량 등을 수비하기 좋은 위나암성으로 옮겨 놓은 다음, 성을 굳게 지켰습니다.

요동태수는 성을 포위하고 나서 사흘 밤낮을 쉬지 않고 공격해 왔지만, 고구려군은 꿈쩍도 하지 않았습니다. 하지만 요동태수는 성 안에 물이 부족할 것이라 생각하고 포위를 풀지 않았어요. 시간이 갈수록 고구려군은 지쳐갔습니다. 그러자 을두지가 꾀를 냈습니다.

그 당시 위나암성 안에는 음마만이라는 커다란 연못이 있었는데, 가뭄이 아무리 심해도 마르지 않았고 아무리 추워도 얼지 않았어요. 을두지는 병사들에게 그 연못에 사는 잉어를 잡아 오게 하여 연잎에 싸서 한나라 진영에 보냈어요. 그러자 요동태수는 고구려군의 식량과 물 사정이 든든하다는 것을 알게 되었습니다. 추운 겨울이 오면 한나라 군대도 위험해질 것이므로 깨끗이 철수하고 말았습니다.

이렇게 해서 위기를 넘긴 대무신왕은 긴 한숨을 내쉬었지요. 이 경험으로 인해 대무신왕은 더욱 땅을 넓혀 힘센 나라를 만들어야겠다는 결심을 하게 되었어요. 고구려의 주변에는 아직도 작은 나라들이 많았으니까요.

그 가운데 가장 탐이 나는 곳은 동해안 지역에 있는 낙랑국이었어요. 땅이 기름져 농산물이 풍부했고, 교통의 요지에 자리잡고 있었기 때문이었지요. 낙랑국은 한나라가 설치한 낙랑군과는 전혀 다른, 지금의 북한 함흥 지방에 있는 작은 나라였습니다.

대무신왕은 몇 차례 군대를 동원해서 낙랑국을 공격해 보았지만, 그때마다 뜻을 이룰 수 없었어요. 그래서 첩자들을 보내 사정을 알아보았더니, 낙랑국에는 적의 침범을 알리는 '자명고'라는 신비한 북이 있었기 때문이었어요.

그런데 기회는 우연하게 찾아왔습니다. 당시 대무신왕에게는 둘째 왕비로부터 얻은 호동이란 왕자가 있었어요. 호동왕자는 건장한 체격에 늠름한 기상을 가진 청년이었습니다. 그가 어느 날, 부하들과 함께 숲으로 사냥을 나갔다가 국경 너머 낙랑국의 국경을 넘어가게 되었어요.

그곳에서 호동왕자는 우연히 낙랑국의 왕 최리를 만났습니다. 호동을 본 최리는 그를 사위로 삼고 싶었어요. 힘이 센 고구려와 사돈을 맺으면 낙랑국이 좀더 안전해지리라 생각했던 것이지요. 그래서 호동을 성으로 초대한 다음, 연회를 열고 자신의 딸 낙랑공주를 소개시켜 주었습니다. 두 사람은 첫눈에 사랑하는 사이가 되었어요. 그래서 그 날 밤, 백년가약을 맺었어요. 하지만 며칠 후, 호동은 떨어지지 않는 발걸음으로 낙랑공주와 이별을 해야 했습니다.

"고구려로 돌아가 아버지의 허락을 받은 다음 당신을 데려가겠소."

한편, 호동왕자에게 낙랑공주와의 인연을 전해 들은 대무신왕은 예전부터 벼르고 있던 낙랑국 정벌의 기회가 왔다고 생각했어요. 그래서 짐짓 화를 내며 호동왕자에게 이렇게 말했습니다.

"어찌 내 허락도 없이 적국의 공주와 제멋대로 결혼할 수 있단 말이냐?

공주가 너를 이용해 우리 고구려를 염탐하기라도 한다면 큰일이 아니냐! 그러니 공주에게 정말 너와 결혼하고 싶다면 낙랑국의 자명고를 없애라고 하거라. 그렇게만 한다면 공주를 네 아내로 인정해 주겠다."

그리하여 호동왕자는 어쩔 수 없이 낙랑공주에게 편지를 보내 대무신왕의 뜻을 알렸어요. 그로 인해 낙랑공주는 몹시 마음이 혼란스러웠습니다. 자명고를 없애는 것은 조국인 낙랑국과 아버지에 대한 커다란 배신이었지요. 하지만 사랑하는 호동왕자를 다시 만날 수 없는 것은 더 큰 아픔이었습니다. 마침내 사랑에 눈이 먼 낙랑공주는, 자명고가 울리지 못하도록 몰래 칼로 찢어놓은 다음, 호동왕자에게 알려 주었어요.

그 소식을 전해 들은 대무신왕은 곧바로 군대를 이끌고 낙랑국을 공격했어요. 자명고가 울리지 않아 적의 침략을 알 수 없었던 낙랑국은 저항

한번 제대로 못 하고 고구려군의 말발굽 아래 무너지고 말았지요.

뒤늦게 낙랑공주가 자명고를 찢은 것을 알게 된 낙랑국의 왕 최리는, 눈물을 흘리며 딸의 가슴을 칼로 찌른 다음, 고구려에 항복했습니다. 서기 32년 4월의 일이었지요. 군사들과 함께 낙랑국에 입성한 호동왕자는 숨진 낙랑공주를 부둥켜 안고 뜨거운 눈물을 흘렸어요.

호동왕자는 그로부터 얼마 뒤, 슬픈 최후를 맞이하게 됩니다. 대무신왕이 낙랑국을 항복시킨 공을 칭찬하면서 호동왕자를 태자로 삼으려 했기 때문이었어요. 첫째 왕비는 자신의 맏아들을 두고 호동이 태자가 되는 것이 몹시 못마땅했어요. 때문에 틈만 나면 왕비는 대무신왕에게 호동왕자를 모함했습니다. 주위 사람들은 호동왕자에게 그런 사실을 전해 주며 조심하라고 일렀어요. 그러자 호동왕자는 슬픈 얼굴로 이렇게 말했답니다.

"내가 아무리 죄가 없다 해도 이를 거짓이라고 한다면 거꾸로 어머니의 죄를 드러내는 것이 된다. 차라리 나를 버리는 것만 못하다."

그리고 나서 호동왕자는 스스로 목숨을 끊었답니다. 어쩌면 그것은 사랑하는 낙랑공주를 잃고 나서 자포자기한 심정 때문이었는지도 모르지요. 어쨌든 대무신왕은 호동이 그렇게 세상을 떠나자, 맏아들인 해우를 태자로 삼았습니다.

대무신왕은 실로 풍운의 제왕이었어요. 그는 평생 전쟁터를 떠돌면서 작고 힘이 부족한 고구려를 강한 나라로 만들기 위해 온몸을 던졌습니다.

대무신왕은 즉위 27년인 44년 10월에 세상을 떠났어요. 그 뒤를 이어 대무신왕의 동생인 해색주가 민중왕으로 5년 동안 고구려를 다스렸습니다. 태자인 해우가 아직 어려 정사를 돌볼 수 없었기 때문이었어요.

고구려 4대 임금 민중왕은 특별한 업적은 찾아볼 수 없고, 단지 즉위 4년 7월에 민중원이란 곳에서 사냥을 하다가 커다란 석굴을 발견하고 자신이 죽으면 그곳에 묻어 달라고 했다는 일화 때문에 민중왕이라고 불리게 되었다고 합니다. 그런 유언을 한 탓인지, 민중왕이 왕의 자리에 있었던 기간은 겨우 5년 동안이었답니다.

알면 재미있는 이야기

거인장수 괴유는 어떤 사람이었을까요?

　괴유는 대무신왕이 부여를 공격하러 가는 길에 만나게 된 장수로, 키가 9척이 넘는 거인이었답니다. 그는 스스로를 북명 사람이라고 소개하고 자신을 부여 정벌군에 끼워 달라고 요청했다고 해요. 그 후 부여군과 전투가 벌어지자 수많은 적군을 무찌른 뒤, 부여왕 대소가 진흙밭에 빠져 허우적댈 때 성큼성큼 걸어 나가 목을 베었어요.

　괴유는 그렇게 큰 공을 세우고 난 뒤, 그 해 10월에 병으로 세상을 떠났답니다. 괴유가 병에 걸렸을 때 대무신왕은 직접 그의 집으로 찾아가 문병을 했을 정도로 몹시 아끼는 장수였습니다. 왕은 괴유가 죽자 북명산 남쪽에 묻어 주고 매년 그를 위해 제사를 지내도록 했어요.

　괴유는 얼굴이 희고 눈에 광채가 있었으며 북명 출신이라고 했으니, 황인종이 아니라 백인이었을 가능성이 높답니다. 그의 고향인 북명은 아득히 먼 북쪽의 바닷가란 뜻이므로, 바이칼 호수 같은 북쪽 지방 출신이었을 거예요. 어쨌든 대무신왕은 왕권강화를 위해 괴유처럼 생소한 이방인도 받아들일 만큼 적극적인 왕이었답니다.

신하에게 암살당한 모본왕
(재위 : 48~53년)

고구려의 제5대 임금인 모본왕은 대무신왕의 첫째 왕비의 아들 해우입니다. 그는 호동왕자가 자결한 직후 태자가 되었고, 대무신왕의 뒤를 이어야 할 때는 나이가 너무 어렸으므로 숙부 해색주가 대신 왕위에 올라 민중왕이 되었어요. 해우는 민중왕이 죽은 다음에야 뒤늦게 왕위에 올랐어요.

모본왕은 이전의 왕들과 마찬가지로 한나라와 치열하게 싸웠어요. 즉위한 지 2년째 되는 해에 군대를 동원하여 한나라의 북평, 어양, 상곡, 태원 등을 공격했지요. 하지만 요동태수 채동이 예의를 지켜 화친을 청하자 군대를 물렸다고 합니다. 대무신왕 때만 하더라도 요동태수가 공격해 와서 국내성이 위험에 빠지기도 했었는데, 모본왕 때 요동태수가 화친을 청할 정도의 힘을 발휘했으니 그 당시 고구려의 힘이 몹시 강해졌다는 것을 알 수 있겠지요?

그런데 그 해 3월에 고구려는 태풍이 불어 나무가 뽑혔고, 4월에는 서리와 우박이 내려 흉년이 들었어요. 그로 인해 백성들이 허기와 기근으로 신음하자, 8월에 왕은 신하를 파견하여 굶주린 백성들을 구제했답니다. 이런 마음씀씀이를 보면 모본왕은 백성을 위하는 왕이었던 것 같아요.

그러던 어느 날, 모본왕은 갑자기 폭군이 되어 시종에게 죽음을 당하는 일이 벌어지고 맙니다. 대체 무슨 일이 벌어졌던 걸까요?

《삼국사기》에 의하면, 모본왕은 즉위한 이래 날로 포악해져서 늘 시종들을 깔고 앉거나 베개로 베고 누웠는데, 만약 그 시종이 조금이라도 움직이면 즉시 죽였다고 합니다. 그래서 이를 안타깝게 여긴 신하들이 충고를

하면 그들마저도 활을 쏘아 잔인하게 죽였다고 해요. 때문에 모본왕은 왕위에 오른 지 불과 6년 만에 두로에게 살해되었습니다.

두로는 모본왕의 시종이었는데 왕이 걸핏하면 사람들을 죽이는 것을 보고 항상 두려워했다고 합니다. 그것을 알게 된 어떤 사람이 이렇게 그를 부추겼다고 해요.

"옛사람이 말하기를, 나를 어루만져 주면 임금이요, 나를 학대하면 원수라고 했다. 지금의 왕은 포악하여 사람을 함부로 죽이니 이는 백성들의 원수라, 그대는 옳은 일을 하라."

그래서 두로는 어느 날, 칼을 감추고 왕 앞에 엎드렸어요. 이에 왕이 아무런 의심 없이 두로를 깔고 앉자 칼을 빼어 들어 살해해 버렸어요. 그렇게 해서 세상을 떠난 모본왕은 모본언덕에 묻혔답니다.

하지만 이 역사의 기록에는 이상한 점이 있답니다. 백성들을 아끼고 사랑하던 성군이 하루 아침에 폭군이 될 수는 없는 것이잖아요. 조선 시대 훌륭한 군주였던 광해군도 신하들에게 쫓겨나며 극악무도한 왕으로 기록되었던 일이 있었지요? 이처럼 모본왕도 암살된 뒤에 적대자들에 의해 아주 나쁜 왕으로 후세에 기록되었을 가능성이 많답니다.

학자들에 의하면, 고구려 역사상 최초로 벌어진 이 임금 암살 사건의 배후에는 당시 주도 세력이었던 계루부의 음모가 개입되었을 가능성이 높다고 합니다. 모본왕 때까지는 소노부 출신이 왕위에 올랐는데, 이 사건 이후 즉위한 태조왕이 계루부 출신이라는 이유 때문이지요.

알면 재미있는 이야기

🔸 순장이란 무엇인가요?

  순장이란, 한 집단의 지배자가 세상을 떠나면 그와 밀접한 관계에 있던 하층 계급 사람이 강제적이거나 자발적으로 죽은 사람과 함께 묻히는 제도입니다. 왕이나 왕후가 세상을 떠나면 시종이나 첩, 시녀 등은 당연히 순장의 대상이 되었지요.
  《삼국지》의 '위지 동이전'에 의하면, 부여에서는 귀족이 죽으면 순장하는 풍습이 있었는데 그

지산동 고분군
현존하는 우리나라 최초의 순장묘가 발굴된 곳

수가 백여 명에 달했다고 합니다. 《삼국사기》에도 고구려 제11대 동천왕이 죽자 너무나 많은 신하들이 그의 뒤를 따라 목숨을 끊었으므로 그 시체를 관리들이 나뭇가지로 덮어두었다는 기록이 나온답니다. 순장은 고구려를 비롯해서 백제, 신라 등에서도 행해진 것으로 보입니다. 하지만 국가 제도가 정돈되면서 비극적인 순장 제도는 자취를 감추게 되었어요.

고구려는 어떻게 주변국들을 하나로 통합했나요?

고구려는 초기에 말갈·비류국·행인국·북옥저를 비롯하여 선비·양맥·개마국·구다국·낙랑국 등 수많은 주변의 나라들을 정복했어요. 6대 태조왕 때는 동옥저, 갈사국, 조나, 주나 등을 복속시켰지요. 하지만 멸망당한 나라의 백성들이 쉽게 고구려에 동화되었을까요?

그것은 물론 처음에는 힘든 일이었겠지요. 누가 정복자들에게 쉽게 고개를 숙이려 하겠어요?

그래서 고구려 정부에서는 정복한 지역의 관리들을 그대로 두어 다스리게 했고 주민들에게는 세금을 줄여 주었고, 노인들도 잘 대접해 민심을 얻었어요. 또 정복지의 주민들과 고구려인들이 함께 축제와 종교행사를 벌였고, 전쟁에 함께 참여함으로써 모두 다 같은 고구려인이라는 생각을 심어 주었답니다.

대무신왕 때의 장수 괴유의 일화를 보거나, 무용총 벽화에 중앙아시아 출신의 백인의 모습이 보이는 것처럼, 고구려인들은 어떤 출신이라도 무시하지 않고 너그럽게 포용했기 때문에, 주변국 사람들이 별다른 저항 없이 고구려인으로 동화할 수 있었던 것이지요.

고구려는 6대 태조왕 때에 이르러 비로소 부족국가의 면모를 벗고 진정한 고대국가의 모습을 갖추게 되었습니다. 또한 중국 세력과의 투쟁을 통해 고구려인들은 굳게 뭉쳤고, 그 힘을 바탕으로 주변국들을 정벌하여 더욱 나라를 부강하게 만들었어요. 이런 고구려의 기세는 동천왕 때 위나라 관구검의 공격에서부터 시작해서 고국원왕의 전사에 이르기까지 한동안 꺾이기도 했습니다. 그렇지만 고구려인들은 절망하지 않았습니다. 실패는 곧 성공의 어머니이니까요.

제국발흥기

중국과 싸우며 나라의 기틀을 세우다

고구려의 실질적인 건국자 태조왕
(재위 : 53~146년)

명림답부의 그림자 신대왕
(재위 : 165~179년)

명재상 을파소를 중용한 고국천왕
(재위 : 179~197년)

형수의 도움으로 왕위에 오른 산상왕
(재위 : 197~227년)

위나라 관구검과 싸운 동천왕
(재위 : 227~248년)

관나부인을 수장시킨 중천왕
(재위 : 248~270년)

소금 장수 출신의 미천왕
(재위 : 300~331년)

백제와 싸우다 전사한 고국원왕
(재위 : 331~371년)

고구려의 실질적인 건국자 태조왕

(재위 : 53~146년)

태조왕은 고구려의 실질적인 건국자로 인정받고 있습니다. 왜냐하면 태조왕은 그때까지 부족의 연합 수준에 머물던 고구려를 임금 중심의 중앙 집권 지배체제로 바꾸어 놓았기 때문이에요. 그래서 《삼국사기》에서는 태조왕을 국조왕이라는 별칭으로 기록해 놓았지요. 국조왕이란 나라의 시조란 뜻으로, 고구려의 태조왕을 고려의 태조나 조선의 태조와 같은 대접을 해 준 것이랍니다.

태조왕의 휘는 궁이고, 어렸을 때 이름은 어수예요. 유리왕의 막내아들 재사의 아들로, 어머니는 부여 출신이라고 해서 부여태후라고 불렀어요.

본래 모본왕은 자신의 아들인 왕자 익을 태자로 삼았습니다. 그렇지만 모본왕이 두로에게 죽음을 당하자 왕실에서는 익을 제쳐두고 일곱 살의 어수를 왕으로 삼기로 했어요. 하지만 어수가 너무 어렸으므로 어머니인 부여태후가 오랫동안 정사를 돌보았어요.

이윽고 장성하여 직접 나라를 다스리게 된 태조왕은, 계루부의 전폭적인 지원 아래 왕권을 장악했어요. 그리하여 그때까지 5부에 허용되었던 독자적인 무역권과 외교권, 전쟁권을 빼앗아 버렸어요. 또 각부에서 임명한 관리들이 직접 왕의 통제를 받도록 했습니다. 중국과의 외교 역시 중앙 정부에서만 할 수 있게 했어요. 바야흐로 왕이 지배하고 신하들이 보좌하는 고대국가의 지배체제를 갖추게 된 것이었지요.

그런 다음 태조왕은 본격적으로 중국과의 대결을 시작했어요. 기록에 따르면, 태조왕 즉위 이전에 고구려는 이미 요서지방을 차지하고 있었어요. 하지만 언제 한나라의 공격이 있을지 몰라서 태조왕은 즉위 3년째인 55년에 요서지방에 열 개의 성을 쌓아 적의 침입에 대비했습니다.

즉위 4년에는 동옥저 등 주변의 소국을 병합함으로서 고구려의 영토는 남쪽으로는 청천강에 이르고, 동쪽으로는 창해에 이르렀어요. 즉위 16년에는 부여의 망명세력이 세웠던 갈사국을 병합했고, 20년에는 관나부의

패자 잘가를 보내 조나국을 공격하여 왕을 생포했습니다. 또한 22년에는 주나국을 복속시켰지요.

그런 다음 태조왕은 넓어진 영토를 차례로 둘러보며 민심을 다독였고, 그렇게 쌓여진 힘으로 중국 세력을 견제했어요. 그리고 한나라에 사신을 파견하여 평화를 유지하는 한편, 가끔은 대대적인 공격을 하여 그들이 감히 고구려 땅을 넘보지 못하게 했습니다.

즉위 53년인 105년에 고구려는 한나라의 요동 지역을 공격해 여섯 개의 성을 함락시켰지만 요동태수 경기의 반격으로 대패하고 물러났어요. 또 즉위 59년과 66년에는 예맥과 힘을 합쳐 현도군과 낙랑군을 공격하기도 했어요.

태조왕의 이와 같은 활발한 영토 확장 정책은 한나라를 매우 자극했습

니다. 그래서 121년에 태조왕이 현도군의 화려성을 점령하자, 한나라는 유주자사 풍환에게 대군을 주어 고구려를 침공해 왔어요. 그들은 단숨에 예맥을 공격하여 멸망시킨 다음, 그 여세를 몰아서 고구려 영토 깊숙이까지 쳐들어왔어요. 그러자 태조왕은 병법에 뛰어난 아우 수성으로 하여금 한나라의 공격을 막도록 했어요.

수성은 전면전을 피하기 위해 거짓으로 후퇴하는 체하면서 한나라의 주력군을 험한 협곡으로 끌어들여 머무르게 했어요. 그리고 방심한 틈을 타서, 거꾸로 그들의 근거지인 요동과 현도군을 쳐들어가 불태워 버렸어요. 그런 다음, 고구려 특유의 유격작전을 펼쳐 한나라의 대군을 괴롭혔어요. 그리고 4월에는 요동에서 새롭게 일어난 선비족과 연합하여 요동군 소속의 요대현을 공격했습니다. 이와 같은 고구려의 역습에 요동태수 채풍이

완강하게 저항했지만 결국 전멸당하고 말았지요.

이렇게 한번 맞붙은 고구려와 한나라의 싸움은 좀처럼 그칠 줄을 몰랐어요. 고구려는 마한, 예맥과 연합해 현도성을 포위했다가, 위구대가 이끄는 부여군의 공격을 받고 물러났습니다. 그러자 태조왕은 이듬해 다시 한번 요동을 침공하여 부여군을 물리쳤어요.

즉위 94년에는 요동군의 서안평을 공격하여 대방현령을 살해하고 낙랑태수의 처자를 사로잡았어요. 이 공격으로 고구려는 후한의 요동과 낙랑군의 교통로를 차단하여 장차 낙랑군을 점령할 수 있는 교두보를 마련했어요. 또한 후한의 한반도 진출을 막아 냈을 뿐만 아니라, 고구려가 요동으로 나아갈 수 있는 가능성을 높였습니다.

이처럼 중국과의 치열한 경쟁을 통해 고구려의 기초를 튼튼하게 닦은 태조왕은, 즉위 94년인 146년 12월에 왕위를 동생인 수성에게 물려주고 별궁으로 물러났는데, 그때의 나이가 100세였습니다. 왕위에 올라 무려 94년 동안이나 고구려를 다스렸던 것이지요.

태조왕에게는 두 사람의 중요한 신하가 있었는데, 바로 우보(군사와 국정을 담당하는 벼슬) 고복장과 동생인 수성이었어요. 수성은 유주자사와 요동태수의 공격을 물리친 뒤부터 큰 세력을 만들어 호시탐탐 왕위를 노리고 있었지요. 하지만 고복장이 강력하게 견제하는 바람에 좀처럼 기회를 잡지 못하고 있었습니다.

수성은 늙은 왕이 죽기를 기다렸지만 그럴 기미가 보이지 않자 몹시 조바심을 냈어요. 이런 수성의 움직임을 잘 알고 있던 고복장은 태조왕에게

수성을 죽일 것을 청했어요.

"수성은 사람이 잔인하고 어질지 못하므로 왕위에 오르면 폐하의 가족들을 해칠 것입니다. 반드시 죽여 후환을 없애셔야 합니다."

하지만 태조왕은 다음과 같이 말하며 수성에게 왕위를 물려주었어요.

"내가 이미 늙어서 정사에 게을러졌고, 하늘의 운수는 수성에게 있다. 수성은 예전부터 국정에 참여해 왔고, 밖으로는 군사를 통솔하여 오랫동안 사직에 공을 세웠으니 반드시 신하와 백성들의 소망을 채울 수 있으리라."

이렇게 해서 수성은 순조롭게 고구려의 제7대 차대왕으로 즉위할 수 있었어요. 그는 젊었을 때는 기백이 넘치고 몹시 지혜로웠지만 왕위에 욕심을 내면서부터 성격이 몹시 거칠어졌다고 합니다.

차대왕이 76세로 왕위에 오르자 제일 먼저 한 일은 그 동안 눈엣가시 같았던 고복장을 죽인 일이었어요. 또 그는 태조왕의 큰아들 막근을 비롯한 조카들을 모조리 죽임으로써 혹시 일어날지 모르는 역모를 방지했답니다. 예전에 고복장의 충언을 듣지 않았던 태조왕은 이 소식을 듣고 별궁에서 피눈물을 흘려야 했지요.

이후 차대왕은 20년 동안 고구려를 별 탈 없이 다스렸어요. 그렇지만 하늘은 그의 악행을 미워했는지 차대왕이 왕위에 있는 동안 고구려는 끊임없는 천재지변에 시달렸고, 민심도 그에게 등을 돌렸어요. 결국 차대왕은 95세 때, 신하였던 명림답부에게 살해당하고 말았답니다.

알면 재미있는 이야기

🔴 고구려의 왕들은 얼마나 오래 살았나요?

 고구려에는 장수한 왕이 대단히 많았어요. 태조왕은 서기 53년인 7세에 왕위에 올라 146년까지, 무려 94년 동안이나 나라를 다스렸어요. 더욱 놀라운 것은 그가 세상을 떠난 때는 이보다 훨씬 뒤인 165년으로, 무려 119세였다고 합니다.

 그 뒤를 이은 차대왕은 95세에 살해되었고, 신대왕 역시 장수해서 90세까지 살았습니다. 한편, 신하로서 차대왕을 죽이고 신대왕을 왕위에 오르게 한 명림답부는 98세에 국상이 되었고, 113세에 세상을 떠났습니다. 또한 장수왕은 78년 동안 왕위에 있었고 98세까지 살았습니다.

 이외에 고구려왕들의 평균 수명을 계산해 보면 대략 55세 정도입니다. 1960년의 한국인 평균 수명이 52세였던 것에 비하면 대단히 오래 산 것이라고 할 수 있지요.

고구려 왕과 왕비, 신하들의 복식을 재현한 모습

명림답부의 그림자 신대왕

(재위 : 165~179년)

신대왕은 태조왕과 차대왕의 동생으로 이름은 백고였어요. 성품이 어질고 인자했던 그는 차대왕이 폭정을 휘둘러 민심을 잃자, 자신에게까지 화가 미칠까 두려워 산속에 들어가 숨어 살았어요. 그 후 165년, 차대왕이 신하였던 명림답부에 의해 목숨을 잃자, 어지류 등의 추대를 받아 고구려 제8대 신대왕이 되었답니다. 당시 신하들은 백고를 찾아가 이렇게 설득했습니다.

"선왕께서 불행히 세상을 떠나고, 비록 태자가 있으나 나랏일을 맡아 볼 수 없습니다. 민심은 어진 사람에게 돌아가는 법이니 부디 왕위에 오르소서."

"형님이 비록 민심을 잃어 불의의 일을 당했지만 태자가 있는데 어찌 내가 그 자리에 앉을 수 있겠는가?"

백고는 이렇게 거절했지만 계속되는 신하들의 간청을 이기지 못하고 마침내 왕위를 수락했답니다. 그는 즉위하자마자 나라 안에 죄수들을 풀어 주어 민심을 수습하고, 차대왕의 아들인 추안에게 벼슬을 주어 편히 살게 했어요. 차대왕이 즉위하면서 조카들을 죽인 것과는 비교되는 일이었지요. 백성들은 비로소 어진 임금이 나왔다고 기뻐했습니다.

그렇지만 고구려의 숨은 실력자는 명림답부였어요. 그는 차대왕을 살해하고 신대왕을 즉위시킨 일등공신이었으니까요. 신대왕은 명림답부를 위해 좌보, 우보를 통합해 국상이란 최고의 관직을 만들어 주었어요. 뿐만 아니라 패자(각 부족의 군 사령관)로서 군대를 맡게 하고 양맥 부락을 거느리게 했습니다.

고구려에서는 상가·대로·패자·고추가 등이 최상의 지배계층이었는데 이 모두를 합쳐서 대가라고 불렀어요. 이 대가들은 독자적으로 사자·조의·선인 같은 하급관리를 둘 수 있었습니다.

또 국상이란 이런 대가들이 모여 국정을 논의하는 제가회의를 주재하는 막강한 관직이었어요. 제가회의란, 고구려 권력의 핵심기관으로서 왕의 옹립이나 폐위, 전쟁 선포, 중앙의 고위 관리 임명, 국사범의 처리 등 중요한 국사를 결정하는 기관이었습니다. 초기에는 왕이 의장으로서 제가회의를 직접 주재했지만, 신대왕은 그 권한을 국상인 명림답부에게 넘겨준 것이지요.

그것은 고구려의 통치 방식을 뿌리째 뒤흔든 커다란 사건이었습니다. 명림답부는 두터운 신분의 벽을 깨고 국상과 패자로서 임금과 다름없는 권력을 행사하게 되었던 것이지요.

명림답부는 차대왕을 살해하기 전에는 조의라는 관직을 맡고 있었어요. 조의란, 가신의 심부름을 총괄하는 사자의 명령을 전달, 집행하는 말단관리였지요. 고구려 벼슬의 10등급에서 9등급에 해당하는 관직으로 검은 옷을 입고 다닌다고 해서 조의라고 불렀답니다. 그런 명림답부가 하루 아침에 국상과 패자를 겸하게 되었으니 놀라운 일이었지요.

이렇게 명림답부가 권력을 얻게 된 후, 그의 출신부족인 절노부는 계속 왕비를 배출하면서 왕족인 계루부와 함께 고구려의 권력을 좌지우지하게 되었어요. 그러므로 신대왕은 명림답부의 허수아비 왕이 될 수밖에 없었어요.

그렇지만 명림답부는 고구려를 발전시키기 위해 애쓴 명재상이기도 했어요. 그는 막강한 권력을 쥐고도 결코 왕위를 넘보지 않았을 뿐만 아니라, 한나라의 공격을 슬기롭게 물리친 명장이기도 했습니다.

신대왕 8년인 172년, 한나라의 현도군 태수 경림이 대군을 이끌고 공격해 오자, 명림답부는 들판을 불태우고 성 안에서 시간을 끌면서 적을 지치게 했습니다. 한나라군은 하염없이 성을 포위하고 있다가 식량이 떨어지자 철수할 수밖에 없었지요. 그러자 명림답부는 날랜 수천 명의 기병을 동원하여 적을 뒤쫓은 끝에, 좌원 땅에서 한나라 군대를 전멸시켰습니다.

이처럼 고구려를 위해 애썼던 명림답부는 179년에 113세의 나이로 세상을 떠났어요. 그러자 신대왕은 몹시 슬퍼하며 직접 빈소에 가서 조문했고 7일 동안 조회를 열지 않았다고 해요. 국상 명림답부의 빛이 너무 강했던 탓인지, 신대왕은 그가 죽은 뒤 불과 3개월 만에 숨을 거두었습니다.

알면 재미있는 이야기

🔴 고구려인들은 어떻게 해서 활을 잘 쏘게 되었을까요?

고구려인들은 사냥을 매우 좋아했습니다. 고구려 무용총의 수렵도를 비롯해, 덕흥리 고분, 장천 1호분 등의 벽화는 고구려인의 사냥 모습을 잘 보여 주고 있지요. 약수리 고분 벽화를 보면 말을 탄 사냥꾼과 몰이꾼들이 생동감있게 움직이고 있음을 알 수 있습니다.

사냥꾼은 발에 걸치는 등자도 없이 말에 올라 몸을 뒤로 돌려 화살을 쏘고 있습니다. 이것은 매우 어려운 동작이지요. 달리는 말과 사람이 한 몸이 되어야 하고, 멀리 있는 목표물에 화살을 명중시켜야 하니 얼마나 힘들겠어요. 더군다나 갑자기 맹수나 적군이 뛰쳐나올 때를 대비해 재빨리 화살을 날리려면 엄청난 훈련을 해야 되겠지요? 이렇듯 고구려인들이 활을 잘 쏠 수 있었던 것은 꾸준한 훈련과 재미 때문이었어요. 사냥을 하면서 재미있게 활을 쏘다보니 어느 새 뛰어난 실력을 갖추게 된 것이지요.

또 고구려에서는 경당이라는 교육기관에서 어렸을 때부터 말타기와 활쏘기를 가르쳤으며, 매년 3월 3일에는 낙랑언덕에서 사냥 대회를 열었어요. 왕이 직접 참여하는 이 행사에서 우승한 사람에게는 큰 상을 주고 장수로 등용했답니다. 이렇게 선발된 장수 가운데 가장 유명한 사람이 바로 평강공주의 남편인 바보 온달이랍니다.

고구려 무용총의 수렵도

명재상 을파소를 중용한 고국천왕

(재위 : 179~197년)

신대왕이 세상을 떠나자 그의 둘째 아들 남무가 고구려 제9대 왕으로 등극했어요. 그가 바로 명재상 을파소를 등용해서 고구려를 더욱 부강하게 만든 고국천왕이랍니다.

고국천왕이 즉위한 지 6년째 되는 184년에, 한나라 군대가 다시 고구려를 공격해 왔어요. 고구려에서는 왕자 계수에게 군사를 주어 보냈지만 패배하고 말았습니다. 그러자 고국천왕은 친히 대군을 이끌고 나가 좌원 땅에서 한나라 군대와 싸워 크게 승리했습니다. 좌원은 신대왕 때 명림답부가 한나라 군대를 격파했던 곳이었는데, 그 땅에서 또 다시 고구려군이 대승을 거둔 것이었지요.

그렇듯 고구려는 한나라의 침공을 잘 막아 냈지만 나라 안의 정세는 몹시 어지러웠어요. 나라의 영토가 넓어지자 그만큼 세력이 강해진 고구려의 대가들은 넓은 땅을 경작하기 위해 많은 노비들을 필요로 했습니다. 때문에 일반 백성들을 못살게 굴어 노비로 삼는 일도 흔했습니다. 또 하호들에게 먼 곳에서 양식과 고기, 소금 등을 운송해 오게 하고 한 푼의 대가도

주지 않아 원성이 자자했습니다.

이런 대가들의 횡포를 저지하지 못한다면 나라의 발전은 기대하기 힘든 일이었지요. 그래서 고국천왕은 인재를 등용하여 귀족들의 부패를 막아야겠다고 생각했어요. 고국천왕은 신하들에게 자신의 뜻을 밝혔습니다.

"요즘 정치가 덕으로 행해지지 않고 관직은 돈에 팔리고 있다 하니, 그 해가 백성들에게 미치고 왕실까지 흔들고 있소. 나는 현명한 인재를 뽑아 잘못된 나랏일을 바로잡고자 하오. 자, 누가 그 일의 적임자이겠는가?"

그러자 신하들은 이구동성으로 말했어요.

"안유야말로 이런 위기를 극복할 적임자입니다."

고국천왕은 몹시 기뻐하며 안유를 불러 벼슬을 주려고 했어요. 그런데 안유는 뜻밖에 고개를 저으며 말했어요.

"저는 나라를 위해 일하기에는 부족한 사람입니다. 저보다는, 압록곡 좌물촌에 살고 있는 을파소라는 사람이 청렴하고 지혜로우니 대왕을 도와 큰일을 해낼 수 있을 것입니다."

그 말을 들은 고국천왕은 즉시 사람을 보내 을파소를 궁으로 불러들인 다음, 중외대부라는 높은 벼슬을 주면서 말했어요.

"내가 백성들을 잘 다스리고자 해도 타고 난 재능이 없어 잘 되지 않는 것 같소. 그대가 나를 위해 숨은 재주를 발휘해 준다면 그보다 기쁜 일은 없을 것이오."

그런데 을파소는 이런 왕의 부탁에도 불구하고 전혀 좋아하는 기색이 없었습니다.

"저 같은 농부가 어찌 그런 벼슬로 감히 나랏일을 돌볼 수 있겠습니까? 대왕께서는 다른 현인을 찾아 대업을 이루십시오."

을파소의 대답 속에는 중외대부의 권력만으로는 강력한 귀족들의 힘을 견제할 수 없다는 뜻이 담겨 있었지요. 고국천왕은 을파소의 진심을 알아채고 금세 벼슬을 바꾸어 주었어요.

"좋소. 그렇다면 그대에게 국상의 자리를 주겠소. 그만하면 나를 도와줄 수 있겠소?"

"성은이 망극하여이다."

이렇게 해서 시골의 농부였던 을파소는 권력의 중심인 국상이 되었어요. 그러자 나라 안의 귀족들이 일제히 들고 일어났습니다.

"을파소 같은 농부가 어떻게 하루 아침에 국상이 되어 험한 나랏일을 책임질 수 있단 말입니까? 부디 다시 생각해 주십시오."

"국상에게 복종하지 않는다면 역모 죄로 다스리겠소."

고국천왕은 이렇게 단호한 말투로 귀족들의 반발을 막았습니다. 그리하여 을파소는 191년부터 13년 동안 고국천왕과 산상왕을 모시면서 고구려 제일의 국상으로 활약할 수 있었어요.

고국천왕의 절대적인 믿음을 등에 업은 을파소는 고구려에 일대 개혁 작업을 시작했어요. 교육제도를 개편하고, 관리들의 부정부패를 없애고 인재를 조정에 들어오게 했습니다. 특히 그가 실시한 진대법은 고구려를 빠른 시일 안에 부강한 나라로 만들었어요.

진대법이란, 식량이 부족한 3월에서 7월까지 나라에서 농민에게 곡식을 빌려 주고 10월에 되돌려 받는 제도였어요. 이로 인해 춘궁기에 굶주림으로 시달리던 백성들은 안심하고 생업에 종사할 수 있었지요.

훗날 조선 시대에 농민들을 구제하기 위해 행해졌던 환곡이나, 11세기 송나라의 개혁적 정책이었던 청묘법은 모두가 을파소의 진대법을 본받아 시행된 것이라고 하니, 그의 능력이 얼마나 대단했는지 알 수 있겠죠?

이렇듯 고국천왕은 을파소를 등용함으로써 고구려를 매우 부강한 나라로 만들었어요. 그러자 고구려는 살기 좋은 나라라는 소문이 널리 퍼지게 되어, 이웃나라의 백성들이 고구려로 넘어오는 일도 잦아졌습니다. 고국천왕은 이렇게 고구려를 한 단계 발전시켜 놓은 후, 197년 5월에 세상을 떠났습니다.

알면 재미있는 이야기

🔴 고구려인들은 어떤 집에서 살았을까요?

　고구려인들의 집은 용도에 따라 여러 개의 건물이 있었어요. 부엌·마구간·고기 창고·식량 창고·방앗간·수레를 넣어 두는 곳 등이 따로 있었고 남녀가 사는 건물도 구분되어 있었어요. 또 연못과 활쏘기를 연습할 수 있는 마당도 있었고, 노비들이 잠자는 장소도 따로 있었습니다. 기와지붕을 얹은 귀족들의 집과는 달리, 가난한 사람의 집은 초가지붕 혹은 나무껍질로 만들었습니다. 특히 북쪽 사람들은 겨울철 추위를 막기 위해 무덤처럼 생긴 굴을 파고 지하에서 살기도 했습니다.

　고구려의 겨울은 몹시 추워서 온돌을 만들어 실내를 따뜻하게 했는데, 방 전체에 구들장을 놓은 것이 아니라, 잠 잘 수 있는 공간만 온돌방으로 꾸민 쪽구들로 되어 있었지요. 그 나머지 공간에 무엇이 있었을까요? 그것은 각저총의 벽화에 잘 나타나 있어요. 벽화를 보면 집 안에 있는 남자는 꽤 높은 의자에 앉아 있는 반면, 두 명의 부인은 주황색 쪽구들 방에 무릎을 꿇고 앉아 있습니다. 쪽구들의 나머지 공간에는 이처럼 의자와 평상, 장방을 놓아 그 위에 앉아서 생활했답니다.

　평상은 평평한 넓은 의자로 혼자 또는 여럿이 함께 앉기도 했는데, 평상 아래에는 신발을 가지런히 벗어 놓았습니다. 즉, 실내에서도 신발을 신었던 것입니다. 장방은 평상의 삼 면에 낮은 둘레 벽을 치고, 천으로 지붕을 만들어 마치 작은 방처럼 꾸민 곳입니다. 장방은 주로 신분이 높은 귀족이 사용했던 것으로, 비단이나 자수 등으로 화려하게 장식하기도 했지요.

고구려 무용총의 손님맞이 그림

형수의 도움으로 왕위에 오른 산상왕

(재위 : 197~227년)

"뭐라고? 제가회의가 나를 제쳐두고 연우를 왕으로 추대했단 말이냐!"

고국천왕이 세상을 떠난 다음 날, 그의 동생 발기는 몹시 분개했어요. 남무가 왕으로 등극한 이후, 다음 왕은 반드시 자기가 될 것이라고 굳게 믿고 있었거든요. 하지만 전날 밤 왕비 우씨가 자신의 집에 왔을 때 차갑게 대했던 일이 그토록 커다란 결과로 다가올 줄은 꿈에도 몰랐어요.

고국천왕은 즉위한 지 19년 만에 잠을 자다가 한밤중에 조용히 세상을 떠났어요. 그래서 왕의 죽음을 아는 사람은 왕비 우씨밖에 없었어요. 우씨는 다음 왕을 자신이 직접 고르기로 마음먹었어요. 그래야만 왕비의 가문이 계속 부귀와 권력을 누릴 수 있을 테니까요. 왕의 유언이라며 왕비가 후계자를 지명하는데 누가 감히 반대할 수 있겠어요?

그때 고국천왕과 우씨 사이에는 자식이 없었어요. 그래서 왕족 가운데 왕위를 계승할 수 있는 인물은 고국천왕의 동생인 발기와 연우, 계수뿐이었지요. 우씨는 곱게 몸을 단장한 다음, 왕의 첫째 동생인 발기를 찾아가

은근히 마음을 떠보았습니다.

"전하께서 후사가 없으니 왕자께서 다음 대를 이어야겠군요."

그러자 고지식한 발기는 이렇게 우씨를 꾸짖었습니다.

"왕비께서는 어찌하여 그런 중대한 일을 한밤중에 찾아와 제게 말씀하시는 것이오? 주위 사람들이 오해할까 두렵습니다. 더군다나 전하께서 아직 건재하신데 어찌 그런 망발을 늘어놓으시는 것이오. 어서 돌아가십시오!"

발기의 차가운 반응에 왕비 우씨는 몹시 부끄럽고 화가 났습니다. 그래서 더 이상 아무 말도 하지 않고 발기의 집을 나왔지요. 그런 다음 우씨는 왕의 둘째 동생인 연우의 집으로 향했습니다. 그런데 연우의 대접은 전혀 딴판이었습니다.

"형수께서 이렇듯 나를 찾아 주시니 몸둘 바를 모르겠습니다. 밤바람이 차니 어서 안으로 들어오십시오."

연우는 버선발로 뛰어나와 우씨를 맞이했어요. 그리고 술상을 차려 오게 한 뒤, 직접 칼로 고기를 썰어 대접하려다가 실수로 손가락을 베기까지 했어요. 그러자 우씨는 치마끈을 풀어 상처를 싸매어 주었어요.

연우의 환대에 감동한 우씨는, 비로소 왕이 세상을 떠난 사실을 알려주고 서둘러 왕위에 오르라고 청했습니다. 그리하여 그 날 밤, 연우는 자신이 왕이 되면 우씨를 왕비로 맞아들이기로 약속했어요.

다음 날 아침, 우씨는 신하들을 모이게 한 뒤 고국천왕의 죽음을 알리고 왕의 유언이라고 하면서 연우를 즉위시키도록 명했답니다. 그리고 발기가 눈치채기 전에 서둘러 즉위식을 거행한 다음, 군대를 동원해 궁궐을 굳게 지켰습니다.

"형이 죽으면 다음 동생이 뒤를 잇는 것이 우리나라의 법도이다. 그런데 형수와 시동생이 야합하여 어찌 이런 죄악을 저지른단 말이냐. 도저히 용서할 수 없다!"

뒤늦게 그 소식을 들은 발기는 노발대발하여 군대를 거느리고 쳐들어왔습니다. 그리하여 궁궐 앞에서는 사흘 동안 치열한 싸움이 벌어졌어요. 그런데 대신들이나 백성들은 거친 성격의 발기보다는 연우를 더 좋아했어요. 그로 인해 전세가 불리해지자 발기는 한나라의 요동태수에게 달려가 하소연했어요.

"동생이 천륜과 법도를 어기고 왕위를 도둑질해 갔으니, 되찾을 수 있도록 도와 주시오."

"정말 괘씸한 일이구려. 걱정하지 마시오."

마침 고구려를 침략할 구실을 잡고 있던 요동태수 공손도는, 3만의 군대를 동원해 고구려로 쳐들어갔습니다. 그러자 연우는 막내동생 계수에게 군대를 주어 적과 싸우도록 했어요. 계수는 신묘한 계책으로 한나라 군대를 격파한 다음, 패잔병들과 함께 도망치는 형 발기를 사로잡았어요. 하지만 차마 형을 죽일 수 없어 이렇게 꾸짖은 다음, 놓아주었습니다.

"둘째 형님이 왕위에 오른 것도 잘못되었지만, 형님은 어찌하여 조국을 한나라 군대의 말발굽 아래 짓밟히게 했단 말이오. 훗날 선조들을 무슨 낯으로 대하려 하십니까?"

그 말에 심한 부끄러움을 느낀 발기는 배천 땅으로 가서 자결하고 말았어요. 그러자 비로소 마음을 놓은 연우는 신하들에게 발기의 시신을 거두어 후하게 장사 지내도록 했답니다. 이런 과정을 거쳐 고구려 제10대 임금인

산상왕이 탄생하게 된 것이었지요. 산상왕은 약속대로 형수 우씨를 왕비로 삼았는데, 이는 고구려의 풍습이었던 형사취수제(형이 죽으면 아우가 형수와 결혼하는 제도)와 통하는 일이었기에 별다른 문제가 되지 않았답니다.

산상왕은 즉위 2년째인 198년부터 환도성을 쌓기 시작했으며, 요동의 공손강이 침공하여 국내성을 함락시키자, 209년에 이르러 도읍을 환도성으로 옮겼습니다.

산상왕이 왕위에 오르는 데 결정적인 역할을 했던 왕비 우씨는 아기를 낳지 못하는 몸이었어요. 그렇지만 우씨의 질투 때문에 왕은 후궁조차 함부로 들이지 못했지요. 그러던 어느 날, 하늘에 제사를 지내기 위해 묶어 놓은 돼지가 줄을 끊고 달아나는 일이 벌어졌습니다.

여러분들은 유리왕 때부터 제물인 돼지가 달아날 때마다 이상한 일이 일어났다는 걸 알고 있지요? 이번에도 예외는 아니었어요.

"제물이 달아난다. 어서 잡아라!"

당황한 제관이 헐레벌떡 돼지를 쫓아갔지만 어찌나 재빨랐는지, 쉽게 잡히지 않았지요. 자칫해서 돼지가 다치기라도 하면 큰일이라 제관은 조심조심 돼지의 뒤를 따랐습니다. 돼지가 다다른 곳은 주통촌이라는 술을 만들어 파는 마을이었어요. 그곳에서 한 아름다운 처녀가 돼지를 달래서 사로잡더니 제관에게 넘겨주었습니다.

제관으로부터 그 이야기를 전해 들은 산상왕은 호기심이 생겼어요. 그래서 우씨의 눈을 피해 몰래 주통촌으로 그 처녀를 찾아갔습니다. 그리곤 처녀와 하룻밤을 보낸 뒤, 궁궐로 돌아왔어요. 이듬해가 되어서야 그 사실을 알게 된 우씨는, 주통촌으로 군대를 보내 처녀를 죽이려 했습니다. 그러자 처녀는 남자 옷을 입고 변장하여 도망치다가 결국 붙잡히게 되자 이렇게 소리쳤어요.

"내 뱃속에는 대왕의 아이가 자라고 있다. 너희들이 나를 죽이면 왕자까지 죽이게 되는 셈이다. 어쩔 테냐!"

그러자 군사들은 처녀를 감히 어쩌지 못하고 그냥 돌아올 수밖에 없었어요. 우씨는 노여움에 떨면서 더욱 분통을 터뜨렸지만 왕의 아이를 가진 그녀를 해치지는 못했지요. 뒤늦게 그런 일이 벌어진 것을 안 산상왕은, 처녀를 불러 물었습니다.

"네 뱃속에 있는 아이가 누구의 아이냐?"

"맹세코 대왕의 아이입니다."

"아, 그동안 내게 후사가 없더니 이제야 하늘이 자식을 점지해 주셨구나."

산상왕은 매우 기뻐하며 그녀를 궁궐에 머물게 했습니다. 이윽고 주통촌 처녀가 아들을 낳자, 산상왕은 하늘이 돼지를 통해 얻게 해 주었다는 뜻의 교체라는 이름을 지어 주었어요. 또 아이의 생모를 둘째 왕비로 삼았어요.

그로부터 4년 뒤에 교체는 태자가 되었고, 14년 뒤인 227년에 산상왕이 세상을 떠나자 고구려 제11대 동천왕으로 즉위하게 됩니다. 이 이야기는 그 동안 형제간의 상속으로 이어지던 왕위 계승이 부자세습으로 바뀌는 계기를 설명해 주고 있어요.

산상왕은 왕위를 놓고 형제간에 싸움을 벌이는 일을 더 이상 원치 않았습니다. 그래서 아들 교체에게 왕위를 물려줌으로써 아버지에서 아들로 이어지는 부자세습을 제도화했던 것이랍니다.

알면 재미있는 이야기

고구려의 음악을 알고 싶어요

오회분 5호묘 천장의 네 벽에는 8명의 신선들이 그려져 있는데, 이들은 뿔피리·횡적·장구·퉁소·거문고 등을 연주하고 춤을 추며 노래하고 있어요. 또 안악 3호분에는 음악에 맞추어 탈춤을 추는 사람도 그려져 있습니다.

무용총 역시 무덤 주인이 유희 모습을 보는 장면이 그려져 있지요. 덕흥리 고분의 경우, 주인공이 일을 할 때 뒤에서 완함과 피리와 나팔을 연주하는 사람이 보입니다. 그밖에 장천 1호분에는 귀부인이 야외에서 남자와 함께 거문고를 연주하고 춤추는 장면이 그려져 있지요. 당시 당나라와 일본에서는 고구려의 음악을 궁중 연회에서 연주했고, 고구려의 춤과 노래도 당나라 귀족들 사이에서 크게 유행하기도 했답니다.

고구려 무용총의 무용도

고구려인들은 어떤 놀이를 즐겼나요?

고구려왕은 새해가 되면 신하들과 함께 패수로 나가 백성들의 돌싸움을 구경했습니다. 백성들은 두 편으로 나뉘어 서로 돌을 던졌는데, 양편의 경쟁을 부추기면서도 화해를 도모하는 이 놀이는 20세기 중반까지도 우리나라 전역에서 행해졌어요.

각저총과 장천 1호분 벽화에는 씨름 장면이 등장하고, 무용총과 안악 3호분에는 무예의 일종인 수박도로서 겨루기를 하는 장면이 보입니다. 또 현대의 축구와 비슷한 축국이란 놀이도 즐겼지요.

한편, 장천 1호분 벽화에는 고구려인들이 원숭이를 부리며 놀기, 수레바퀴를 던지며 놀기, 춤추고 연주하기, 말 타며 사냥하기, 씨름, 술래잡기 등을 하는 다양한 모습이 담겨 있답니다.

그뿐만이 아니에요. 팔청리와 수산리 고분 벽화 등에서는 높은 나무다리에 올라 춤추기, 칼 재주 부리기, 여러 개의 막대와 공을 엇바꾸어 던져 받기 등 오늘날의 서커스와 같은 놀이를 하는 사람들의 모습을 발견할 수 있어요. 이외에도 고구려인들은 바둑·주사위·윷놀이 등 머리를 쓰는 오락을 즐겼다고 해요.

이렇듯 고구려인들은 잦은 전쟁에도 불구하고 인생을 즐기며 사는 사람들이었답니다.

고구려 각저총의 씨름도

위나라 관구검과 싸운 동천왕
(재위 : 227~248년)

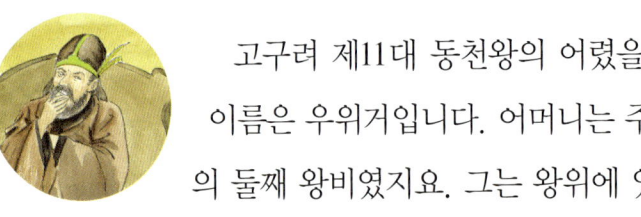고구려 제11대 동천왕의 어렸을 때 이름은 교체, 정식 이름은 우위거입니다. 어머니는 주통촌 출신으로 산상왕의 둘째 왕비였지요. 그는 왕위에 있는 동안 나라를 잘 다스렸으며 매우 효자였으므로 백성들에게 인기가 높았습니다. 또 성품이 몹시 너그러워서 왕후가 일부러 동천왕이 타는 말의 갈기를 자르고, 수라상을 올릴 때 국물을 엎질러도 웃기만 할 뿐, 아무 말도 하지 않았다고 합니다. 인자한 동천왕이 세상을 떠나게 되자 수많은 사람들이 슬퍼하며 왕과 함께 무덤에 묻히려 했답니다.

　동천왕은 즉위하자마자 내정을 안정시키고, 강한 군사력을 동원해 주변국들의 침입을 철저하게 막았어요. 때문에 중국에서는 동천왕을 매우 무서운 왕으로 기록하고 있답니다. 그 당시의 중국은 후한 말기로《삼국지》에 등장하는 위나라, 오나라, 촉나라가 대륙의 주인이 되기 위해 싸우고 있었어요. 동천왕은 이런 중국의 분위기를 이용해서 고구려의 평화를 지켜 냈어요.

즉위 8년에는 위나라에 사신을 파견해 외교 관계를 맺었고, 10년에는 오나라의 왕 손권이 보낸 사신도 맞아들였어요. 그런데 오나라에서 사신으로 온 호위라는 사람이 거들먹거리면서 위나라와의 관계를 끊으라며 강요하자, 화가 난 동천왕은 그의 목을 베어 위나라로 보냈습니다. 이처럼 동천왕은 매우 결단력 있는 왕이었지요.
　이런 고구려의 태도에 오나라 왕이었던 손권은 몹시 화가 났습니다. 그래서 당시 요동지방을 지배하고 있던 공손연을 부추겨서 위나라와 함께 고구려를 치도록 했지요. 그러자 위나라는 238년, 유명한 사마중달을 보내 요동 정벌을 시작했습니다. 이때 동천왕은 군사 1천 명을 보내 위나라 군대를 도와 주었습니다.
　이 싸움에서 고구려는 위나라 군대가 생각보다 약하다는 것을 알게 되

었어요. 이에 자신감을 얻은 동천왕은 242년, 위나라 땅이었던 서안평을 공격하면서 요동진출을 꿈꾸었어요. 그는 위나라가 오나라, 촉나라의 위협으로 인해 요동 지역에 많은 군대를 보내지는 못할 것이라는 생각이었지요. 하지만 그것은 엄청난 착각이었습니다.

고구려의 갑작스런 도발에 자극받은 위나라는 246년, 관구검에게 대군을 주어 고구려를 공격하게 했던 것입니다. 이에 동천왕은 2만 명의 군대를 동원하여 맞섰어요. 첫 싸움은 비류수 근처에서 있었는데, 고구려군은 적군 3천 명의 목을 베는 큰 승리를 거두었습니다. 여세를 몰아 양맥 계곡까지 추격해서 다시 3천 명을 죽이거나 포로로 잡았어요. 이처럼 계속 승리를 거두자 동천왕은 자신만만해했지요.

"위나라가 큰 나라인줄 알았는데 의외로 군대는 힘을 쓰지 못하는군."

그러자 득래라는 장수가 나서서 동천왕을 말렸습니다.

"위나라의 국력은 우리 고구려의 몇 배나 되고 군사들은 전쟁 경험이 많으니 이제 전쟁을 그만두는 것이 좋겠습니다. 몇 차례의 승리로 저들의 힘을 함부로 판단해서는 안 됩니다."

"하하, 무슨 소리! 그들은 촉나라, 오나라와 대결하느라 우리와 싸울 힘이 없다. 지금이 아니면 언제 요동 땅을 손아귀에 넣겠느냐."

동천왕은 득래의 충고를 무시해 버렸어요.

"아아, 장차 고구려 땅이 쑥대밭이 되겠구나."

실망한 득래는 이렇게 한탄하면서 스스로 목숨을 끊었습니다. 하지만 승리에 도취한 동천왕은 충신의 죽음에도 아랑곳하지 않고 고구려의 자랑인 철기병 5천 명을 포함해서, 총 2만 명의 군대로 관구검의 진영을 공격

해 들어갔어요. 최후의 일격을 가하기 위해서였지요.

그러자 노련한 장수였던 관구검은, 짐짓 후퇴는 척하면서 고구려군을 유인한 뒤 몇 겹으로 포위하여 맹렬하게 역습을 했습니다. 고구려의 철기병들은 무거운 갑옷을 입고 있었으므로 적과 직접 충돌할 때는 무적이었지만, 포위망에 갇혀 활동이 부자연스러워지자 제대로 싸움을 할 수가 없었습니다. 기세가 오른 위나라 군대는 고구려군을 닥치는 대로 죽였습니다.

이 싸움에서 동천왕은 무려 1만 8천 명의 병사들을 잃게 되었습니다. 기세가 오른 관구검은 도성인 환도성까지 함락시킨 다음, 장군 왕기를 보내 동천왕의 뒤를 쫓았습니다. 살아남은 1천 명의 철기병들과 함께 간신히 전장에서 빠져나온 동천왕은 하릴없이 도망치는 신세가 되었지요.

"아아, 득래의 충언을 왜 내가 외면했던가!"

동천왕은 후회했지만 이미 때는 늦었습니다. 섣부른 판단으로 인해 자칫하면 고구려가 멸망할 수도 있는 커다란 위기에 빠져 버린 것이었지요. 적장 왕기에게 쫓기면서 그를 호위하던 군사들도 뿔뿔이 흩어져 몇 명 남지 않았어요. 그때, 장군 밀우가 나섰습니다.

"제가 추격대를 막아 시간을 벌 테니 대왕께서는 어서 안전한 곳으로 피하십시오."

밀우는 비장한 각오로 몇 명 남지 않은 군사들을 이끌고 위나라 군대를 막아섰습니다. 목숨을 건 밀우의 기세에 놀란 위나라의 추격대가 잠시 주춤했어요. 그 틈을 타서 동천왕은 샛길로 빠져나와 흩어졌던 군사들을 모은 다음, 소리쳤습니다.

"누가 밀우를 구해 오겠느냐?"

"제가 다녀오겠습니다."

그는 유옥구라는 용감한 병사였어요. 유옥구는 말을 타고 용감하게 전장으로 달려가 부상을 입고 신음하고 있는 밀우를 업고 돌아왔습니다. 그러자 동천왕은 밀우를 껴안고 눈물을 흘리며 말했어요.

"아, 내 잘못으로 인해 그대처럼 용감한 장수를 위험에 빠지게 했구나."

고구려 군사들은 부하를 진심으로 사랑하는 왕의 모습을 보고 가슴이 뭉클했습니다. 그래서 모두들 적을 물리치겠다고 굳게 다짐했어요. 그렇지만 위나라 군대는 동천왕을 잡기 위해 계속 포위망을 좁혀왔습니다. 그러자 충성스런 장군 유유가 역습을 주장했습니다.

"이대로 쫓겨서는 도저히 위기를 벗어나기 힘들겠습니다. 제가 계책을 써서 적장을 죽일 테니 대왕께서는 적의 혼란을 노려 공격해 주십시오."

유유는 항복하는 체하면서 적진으로 들어갔어요. 그리고 미리 준비한 음식을 적장에게 바치며 이렇게 말했어요.

"우리 임금이 큰 나라에 죄를 짓고 여기까지 도망쳐 왔지만, 이제 더 이상 숨을 곳이 없으니 항복하는 수밖에 없습니다. 부디 이 음식을 드시고 목숨만 살려 주십시오."

"으하하! 이제야 우리 위나라 군대의 무서움을 알겠는가."

위나라 장수는 우쭐거리며 음식을 받으려 했습니다. 그 순간, 유유는 음식을 담은 그릇 밑에 감추어 두었던 칼을 꺼내, 단숨에 적장의 목을 베어 버렸습니다. 그리고는 분개하여 달려드는 위나라 병사들과 싸우다가 자신도 목숨을 잃고 말았습니다. 하지만 졸지에 장수를 잃은 위나라 군대는 금방 아수라장이 되었습니다.

"공격하라! 적장은 이미 죽었다!"

동천왕은 유유의 계책이 성공한 것을 알고, 위나라 군대를 습격하여 대승을 거두었습니다. 유유의 숭고한 희생으로 인해 고구려는 겨우 살아날 수 있었던 것이지요. 비로소 고구려의 저력을 알게 된 관구검은, 환도성에 남아있던 고구려인들을 포로로 삼아 위나라로 돌아갔습니다.

위나라의 군대는 철수하기 전에 성 안에 있던 모든 무덤을 파헤쳤는데, 동천왕에게 위나라 공격을 말렸던 득래의 무덤만은 그대로 두었다고 합니다. 그리고 환도성 경계에 정벌 기념비를 세우고 성문에 견고하지 못한 성이란 뜻의 '불내성'이란 글자를 새겨 놓았습니다. 고구려가 성을 제대로 지키지 못했다고 비웃은 것이지요.

이 전쟁의 후유증은 매우 컸습니다. 고구려는 폐허로 변한 환도성을 버리고 강계 근처에 있는 평양성으로 도읍을 옮겨야 했으니까요. 동천왕 또한 패전의 상처를 회복하지 못한 채 248년, 40세의 젊은 나이로 세상을 떠났습니다.

동천왕은 훌륭한 왕이었지만 단 한 번의 실수로 인해 적장에게 망신을 당하고 고구려를 멸망시킬 뻔했습니다. 그렇지만 밀우와 유유, 유옥구 등 충성스럽고 지혜로운 신하들이 있었기에 겨우 나라를 보전할 수 있었던 것이지요. 자만에는 언제나 위험이 뒤따른다는 사실을 어린이 여러분들도 명심해야 할 거예요.

알면 재미있는 이야기

고구려인들은 어떤 교육을 받았나요?

백성들의 교육기관 경당

중국인이 쓴 《구당서》라는 책에 따르면 고구려인들은 글읽기를 매우 좋아했다고 합니다. 그래서 거리마다 큰 집을 지어 이를 경당이라 부르고, 문지기나 말의 먹이를 주는 사람과 같은 가장 미천한 신분에 이르기까지 밤낮으로 이곳에서 책읽기와 활쏘기를 익혔다고 씌어 있습니다. 당시 고구려에는 유교 경전인 《시경》·《서경》·《역경》 등은 물론이고, 《춘추》·《사기》 등의 역사서, 《문선》과 같은 문학책에 이르기까지 수많은 책들이 보급되어 있었어요.

아차산에 있는 고구려 군사 유적지에서 나온 각종 그릇에는 그릇의 주인을 표시하는 글자가 적혀 있어요. 이로 미루어 볼 때, 고구려의 군인들은 모두 글자를 알고 있었음을 알 수 있지요. 이렇듯 고구려는 주변의 많은 적들과 싸우면서도 백성들을 교육시켜 스스로 강하게 만드는 정책을 썼답니다.

그리고 경당에서 가르쳤던 말 타기, 활쏘기 등은 고구려 사람들을 강인한 군사로 훈련시켰습니다. 고구려가 강대국이 된 바탕에는 이런 교육의 힘이 자리하고 있었답니다.

《시경》의 저자 공자와 그의 제자들을 그린 그림

고급 교육기관 태학

372년, 소수림왕은 귀족 자제들의 교육기관인 태학을 세워 인재를 양성하게 했습니다. 태학에서는 전문학자들인 박사들이 학생들을 가르쳤는데, 약 9년 정도의 정식교육을 받고 졸업한 학생들은 주로 관리가 되었어요. 체계적이고 전문적인 지식을 익힌 사람들이 나라의 중요한 직책을 맡게 되면서 고구려는 매우 합리적으로 나라를 다스릴 수 있게 되었지요.

391년에 등장한 광개토대왕이 세계를 호령할 수 있었던 것도, 그 시기에 태학에서 배출된 관리들이 고구려 정계의 중심 세력으로 활약했기 때문이었어요.

태학박사 이문진은 600년, 고구려 역사를 기록한 《신집》 5권을 만들었고, 역시 태학에서 교육받은 을지문덕 장군은 용맹스러운 뿐만 아니라 적장을 희롱할 정도로 멋진 시를 지을 수 있을 만큼 학식도 뛰어났습니다.

소수림왕이 나라를 정비하는 과정에서 만든 태학이야말로 후대의 고구려가 번영할 수 있었던 기초가 되었지요. 고구려의 태학과 비슷한 신라의 국학이 682년에야 세워진 사실로 미루어 볼 때, 고구려인들의 교육에 대한 생각이 얼마나 앞섰는지 알 수 있겠지요.

효경서
태학에서는 귀족 자제들에게 유교 경전과 문학·무예 등을 가르쳤다.

관나부인을 수장시킨 중천왕
(재위 : 248~270년)

 동천왕이 세상을 떠나자 25세였던 아들 연불이 왕위에 올랐어요. 그가 고구려 제12대 임금 중천왕이지요. 그는 관례에 따라 절노부 출신의 처녀 연씨와 결혼했습니다. 그는 즉위 초기에 두 동생의 반란을 겪었지만 왕비의 부족인 절노부의 도움을 받아 진압할 수 있었어요.

중천왕은 즉위 3년에 국상 명림어수에게 내외병마사를 맡김으로써 국정과 군사 통수권까지 주었어요. 명림어수는 차대왕을 죽이고 국상이 되었던 명림답부의 후손이었습니다. 이 일은 차대왕 이후 중천왕 때까지도 절노부가 고구려의 권력을 쥐고 있었다는 증거랍니다.

그리고 중천왕 9년에는 명림홀도가 왕실의 공주와 결혼함으로써 최초의 부마도위가 됩니다. 이때부터 왕족인 계루부와 왕비족인 절노부는 혼인을 하여 매우 밀접한 관계를 맺지요. 이런 상황은 동천왕 때 관구검의 침입을 결사적으로 막았던 계루부의 피해가 가장 커서 전쟁 이후 나라를 수습할 만한 힘이 부족했기 때문이랍니다.

이렇게 권력을 왕비족에게 넘겨준 중천왕은 별로 하는 일 없이 사냥을 즐기며 세월을 보냈습니다. 하지만 그는 애인인 관나부인을 수장(시체를 강이나 바다에 넣어 장사 지냄)시킨 이야기로 역사의 한편에 남아 있답니다.

"저기 사슴이 간다. 활을 쏘아라."

어느 날, 여느 때와 같이 중천왕은 신하들과 함께 말을 타고 숲에서 짐승들을 쫓고 있었습니다. 그런데 길가에서 물동이를 이고 가는 한 처녀를 보게 되었어요. 처녀는 선녀처럼 아름다운 얼굴에, 새까만 머리카락을 치렁치렁 늘어뜨렸는데 길이가 아홉 자나 되었어요.

"세상에, 저런 미인이 있었다니……."

두 눈이 휘둥그레진 왕은, 그녀를 궁으로 데리고 와서 함께 살면서 관나부인이라고 불렀답니다. 그러자 하루 아침에 찬밥 신세가 된 왕비는, 관나

부인을 눈엣가시처럼 생각했어요. 그래서 어느 날 왕에게 이렇게 말했어요.

"우리나라는 위나라와 싸우다 패배하여 나라를 잃을 뻔했습니다. 제가 듣기에 위왕이 머리카락이 긴 미인을 좋아한다고 하니, 이번 기회에 그런 여자들을 위나라로 보내 환심을 사 두는 것이 어떻겠습니까?"

"쓸 데 없는 소리, 다시는 그런 말을 꺼내지도 마시오."

왕비의 본심을 알아챈 중천왕은, 화를 내면서 더 이상 그런 말을 꺼내지 못하도록 했어요. 시녀로부터 그 이야기를 전해 들은 관나부인은 왕에게 울면서 이렇게 애원했어요.

"왕비께서는 항상 저더러 시골 계집이 어찌 궁에 머물 수 있느냐며 돌아가지 않으면 가만두지 않겠다고 하십니다. 어찌하면 좋겠습니까?"

"걱정하지 말아라. 내가 너를 지켜줄 것이다."

그러던 어느 날, 중천왕은 기구라는 곳으로 사냥을 가게 되었어요. 그런데 며칠 후, 왕이 왕궁으로 돌아오자 관나부인은 가죽 자루를 들고 뛰쳐나오면서 이렇게 울부짖었습니다.

"왕비께서 저를 이 자루에 넣어 바다에 던지겠다고 합니다. 제발 저를 불쌍히 여기시어 집으로 돌려보내 주십시오."

그런데 그 말을 들은 왕이 시종들을 불러 물어보니 새빨간 거짓말이었어요. 관나부인이 왕비를 모함하여 쫓아내려고 했던 것이었지요. 화가 난 중천왕은, 관나부인을 가죽 자루에 넣어 바다에 던져 버렸습니다. 왕비의 독한 성품까지는 참을 수 있었지만 관나부인의 성품이 독한 것은 참을 수 없었던 모양이지요. 중천왕은 이렇듯 관나부인을 매정하게 죽인 일화만을 남기고 이렇다 할 업적도 없이 47세에 세상을 떠났습니다.

중천왕의 뒤를 이어 둘째 아들 약로가 왕위에 올랐는데, 그가 바로 서천왕입니다. 서천왕은 272년, 기근으로 신음하는 백성들에게 식량을 나누어 주었고, 276년과 288년, 두 차례 군사 요충지인 신성에 행차했어요.

서천왕이 고구려를 다스리던 때는 북방의 유목민족들이 활발한 정복활동을 하고 있었어요. 그 가운데 가장 강성한 민족이 숙신이었는데, 서천왕은 병법에 뛰어난 아우 달가를 시켜 그들의 근거지인 단로성을 함락시키고 백성들을 해산시켰어요. 달가는 그때 세운 공을 인정받아 내외병마사와 함께 안국군으로 봉해져, 숙신의 땅을 다스렸어요. 서천왕은 즉위 17년인 286년, 두 동생인 일우와 소발의 역모를 물리친 뒤, 292년에 세상을 떠났습니다.

중천왕과 서천왕의 시대에는 계속해서 왕의 동생들이 왕위를 노리고 역모를 일으키는 일이 일어났어요. 이것은 산상왕 이후 왕권이 형제 상속에서 부자 상속으로 바뀌는 과정에서 어쩔 수 없이 벌어졌던 권력투쟁이랍니다. 이렇게 몇 차례 심한 홍역을 겪은 뒤에야 새로운 제도가 자리잡게 되는 것이지요.

서천왕이 죽자 봉상왕이 그 뒤를 이었어요. 어려서부터 교만하고 의심이 많았던 봉상왕은 즉위하자마자 자신의 자리를 위협할 만한 사람들을 차례차례 제거했어요. 첫 번째 희생자는 숙신을 격파해 고구려의 영웅이 된 숙부 달가였어요. 그 다음에는 동생 돌고를 제거했고, 돌고의 아들인 어린 조카 을불까지 죽이려 했지요. 그래서 을불은 몸을 피해 정처 없이 떠도는 신세가 되어야 했습니다.

봉상왕은 또 백성들을 동원해 대대적인 궁궐 공사를 벌이는 한편, 중국

의 동북지방에서 일어난 선비족 모용씨와 두 차례나 큰 싸움을 벌였어요. 293년에 일어난 첫 번째 싸움은 신성태수 고노자의 활약으로 격퇴했어요. 그리고 296년의 두 번째 싸움에서는 '서천왕릉의 기적'으로 물리쳤답니다.

서천왕릉의 기적이란, 296년에 연나라의 왕 모용외가 2만 명의 군사를 이끌고 고구려에 쳐들어왔을 때 생긴 일입니다. 모용외는 고구려가 항복하지 않는다면 서천왕의 능을 파헤치겠다고 협박했습니다. 고구려군이 이에 아랑곳하지 않고 맞서 싸우기로하자, 모용외는 부하들에게 서천왕릉을 파헤치라고 명령했어요. 그런데 왕릉을 파헤치려던 병사들이 이름 모를 병에 걸리거나 갑작스런 사고로 목숨을 잃는 것이었어요. 또 한밤중에는 구덩이에서 이상한 음악소리까지 들려왔습니다. 이집트의 피라미드의 저주와 비슷한 현상이 일어난 것이지요.

"서천왕의 귀신이 노했나 보다."

연나라 병사들은 두려움에 떨었습니다. 그러자 모용씨는 이대로는 고구려와 싸워 이기지 못할 것을 알고 자신의 나라로 돌아가 버렸습니다.

봉상왕이 즉위한 지 9년째 되는 해, 고구려에는 가뭄이 들었어요. 그런데 왕은 고통 받는 백성들을 구제하기는커녕, 또 다시 백성들을 동원해 호화로운 궁궐을 지으려 했습니다. 그러자 국상이었던 창조리는 신하들과 뜻을 모아 봉상왕을 왕위에서 끌어내렸습니다. 이에 낙담한 봉상왕은 두 아들과 함께 목숨을 끊었습니다. 그래서 봉상왕은 고구려 최초로 자결한 왕이 되었답니다.

알면 재미있는 이야기

고구려인들은 어떻게 결혼을 했나요?

고구려 초기에는 '서옥제'라는 결혼 풍습이 있었어요. 혼인이 결정되면, 신부의 집에서는 집 뒤쪽에 사위를 맞이하기 위한 조그만 집, 즉 서옥을 짓습니다. 그러면 저녁에 사위될 사람이 찾아와 문 밖에서 신부의 부모에게 이름을 대고 꿇어앉아 신부와 함께 지내겠다고 간청하지요. 그렇게 두세 번 간청하면 신부의 부모가 비로소 허락하고 서옥에서 신부와 함께 살게 했답니다. 이때 사위는 돈과 비단을 내놓았습니다. 그리고 부부는 서옥에서 함께 살면서 아이를 낳고, 그 아이가 자란 뒤에야 신랑의 집으로 돌아갔습니다. 요즘에 '장가든다'란 말은 바로 신랑이 서옥에 들어간다는 뜻이었답니다.

5세기 이후에는 혼인을 할 때 재물을 건네거나 폐백을 드리지 않았고, 재물을 받을 경우에는 딸을 팔았다고 해서 부끄럽게 여겼어요. 남녀가 서로 사랑하면 바로 혼인했는데, 남자의 집에서 돼지와 술을 보내면 혼인이 이루어졌지요. 이는 점점 여성 우위에서 남성 우위 쪽으로 변화하는 세태를 말해 주는 것입니다.

고구려의 결혼풍속 중에 특이한 것은 산상왕 때 왕후 우씨의 예에서 보듯이, 형이 죽으면 형수를 시동생이 돌보아 주는 형사취수제도가 있었어요. 이 제도는 남성의 집안에서 여성 노동력을 상실하지 않으려는 경제적인 측면과, 또 남편을 잃은 여성을 편하게 살게 해주려는 사회보장의 측면에서 오래도록 유지되었습니다.

고구려인들은 어떻게 장례를 치렀나요?

고구려인들은 결혼하자마자 장례 지낼 때 입을 옷을 장만했어요. 장례는 성대하게 치렀고 돌을 쌓아서 무덤을 만들었는데, 무덤 앞에는 소나무와 잣나무를 많이 심었어요. 고구려인들의 무덤에는 많은 부장품이 있어서 도굴꾼들이 기승을 부렸지요. 때문에 광개토대왕릉비에는 무덤을 지키는 사람의 숫자와 무덤을 지키는 방법까지 기록되어 있답니다.

고구려 후기에는 사람이 죽으면 집안에 빈소를 만들어 놓고 3년 상을 치른 다음, 좋은 날을 잡아 장사를 지냈습니다. 상복도 입었는데 부모와 남편의 경우는 3년을 입었지만, 형제간에는 석 달 동안 입었고 말기에는 한 달만 입었습니다.

장례가 끝나면 죽은 사람이 살았을 때 입던 의복과 노리개, 수레, 말 등을 무덤 옆에 놓아 두고 장례에 참석한 사람들이 가져가게 했습니다. 유품을 무덤 속에 넣는 것보다 많은 사람들에게 베푸는 것이 죽은 자를 위해 복이 된다고 믿는 풍습으로 바뀐 것이지요.

고구려의 장례절차에서 가장 특이한 점은 초상을 치를 때는 눈물을 흘리며 곡을 하지만, 장사를 지낼 때는 오히려 풍악을 울리면서 춤추고 노래하며 죽은 사람을 보내는 것이랍니다. 이것은 내세의 행복을 기원하는 북방지역 사람들의 전형적인 장례풍속이었지요.

장수왕의 무덤으로 알려진 장군총

알면 재미있는 이야기

소금 장수 출신의 미천왕

(재위 : 300~331년)

어린이 여러분은 한 나라의 왕자라면 어렸을 때부터 커다란 궁궐에서 살면서 좋은 옷과 좋은 음식을 즐기며 행복하게 살았을 것이라고 생각하겠지요? 하지만 그와는 정반대로, 집도 없이 떠돌며 비참한 생활을 했던 왕자도 있었답니다. 고구려 제15대 임금 미천왕이 바로 그런 사람이었지요.

미천왕의 어린 시절 이름은 을불이었는데, 서천왕의 손자이며 봉상왕의 조카였지요. 그렇지만 의심이 많았던 봉상왕은 숙부 달가는 물론, 친동생인 돌고까지 죽였습니다. 돌고의 아들이었던 을불은 봉상왕이 언제 자신까지 죽일지 몰라, 두려운 나머지 궁궐에서 몰래 도망쳐 나왔어요.

그 후, 자신의 신분을 속이고 수실촌이란 곳으로 숨어 들어간 을불은 부자인 음모라는 사람의 집에서 머슴살이를 했습니다. 그런데 못된 성품을 가진 음모는 을불을 노비처럼 부려먹었어요. 낮에는 나무를 해 오게 했고, 밤에는 연못의 개구리가 울지 못하도록 기와나 돌을 던지게 했어요.

참다 못한 을불은 그 집을 나와 동촌으로 갔습니다. 그리고 그 곳에서 마음씨 착한 소금 장수 재모를 만났어요. 을불은 재모와 함께 압록강가로 가서 소금을 떼어다가 여러 마을을 돌아다니며 팔아 끼니를 이었습니다.

그러던 어느 날이었어요. 여느 때처럼 을불이 소금을 가지고 강 동쪽의 사수촌에 가서 어느 집에서 머물렀는데, 집 주인이 숙식비로 소금을 달라고 했어요. 을불이 소금 한 말을 주자 욕심 많은 주인은 조금 더 달라고 했습니다. 을불이 그 요구를 거절하자 앙심을 품은 주인은 자신의 신발을 을불의 소금 보따리 속에 감추어 둔 다음, 압록태수에게 고발했습니다.

졸지에 도둑으로 몰린 을불은 가지고 있던 소금을 다 빼앗기고 몽둥이로 매를 맞은 다음에야 풀려 나올 수 있었어요. 하지만 끝내 자신이 고구려의 왕자임을 밝힐 수는 없었지요. 정말 원통한 일이 아닐 수 없었습니다. 그 후, 을불은 일자리도 얻지 못하고 제대로 먹지도 못해 심한 고생을 했어요.

한편, 봉상왕은 흉년이 심하게 들어 백성들이 힘들어하는 데도 불구하고 15세 이상의 남녀를 강제로 모아 궁궐을 수리하도록 명했습니다. 국상인 창조리가 왕을 설득했지만 듣지 않았지요. 그래서 창조리는 봉상왕을 폐위시킨 뒤 을불을 추대하기로 마음먹었습니다. 그리고는 몰래 북부 사람인 조불과 동부여 사람인 소우에게 을불을 찾도록 했습니다.

밀명을 받은 두 사람은 각 부락을 은밀히 돌면서 을불을 찾았어요. 그러던 어느 날, 비류강가에서 겉모습은 초라했지만 기품이 넘치는 한 남자를 발견했습니다. 두 사람은 그가 을불임을 알고 큰절을 하며 말했어요.

"국상께서 백성의 뜻을 거스르는 왕을 폐하기로 하시고 왕자님을 모셔 오도록 명하셨습니다. 부디 저희와 함께 궁으로 가시어 선왕의 유업을 이어 주십시오."

그러나 그들의 정체를 몰랐던 을불은 짐짓 고개를 저으며 대답했어요.

"나는 비천한 시골 사람이지 왕자가 아닙니다. 다른 곳에 가서 찾아보십시오."

"저희들을 의심하지 마십시오. 다른 뜻이 있다면 어찌 이렇듯 정중하게 왕자님을 대하겠습니까?"

비로소 을불은 그들이 봉상왕의 첩자가 아님을 알고 자신의 신분을 밝힌 다음, 창조리를 찾아갔습니다. 을불을 만난 창조리는 몹시 기뻐하며 300년 9월, 봉상왕이 후산에서 사냥하는 날을 거사일로 정했어요. 드디어 은밀히 군대를 동원해 후산을 겹겹으로 포위한 창조리는 갈잎을 뜯어 자신의 모자에 꽂으며 소리쳤습니다.

"나와 뜻이 같은 사람은 모두 갈잎을 꽂으시오."

사람들이 모두 그 말에 따르자 창조리는 곧바로 봉상왕을 사로잡아 별실에 감금한 다음, 을불을 데려와 왕위에 오르도록 했어요. 이렇게 해서 소금 장수 을불은 고구려 제15대 임금인 미천왕이 되었답니다.

미천왕은 창조리와 같은 유능한 신하의 도움을 받아 나라를 잘 다스렸어요. 302년에는 현도군을 공격해 적군 8천 명을 사로잡았고, 311년에는 요동의 관문인 서안평을 빼앗았어요. 313년에는 그 여세를 몰아 낙랑군을 공격해 승리했고, 이듬해에는 대방군까지 몰아내 중국 군현을 한반도 밖으로 완전히 쫓아냈습니다.

미천왕은 어린 시절, 고구려의 두메산골에서 커다란 고을에 이르기까지 방방곡곡을 떠돌며 여러 백성들을 만나왔으므로, 그들의 소망을 잘 알고 있었어요. 그래서 누구보다 나라를 잘 다스릴 수 있었지요. 그래서 고구려는 그가 왕위에 있는 동안 태평성대를 누릴 수 있었어요.

그 후, 미천왕은 연나라의 모용씨와 일진일퇴를 거듭하는 전쟁을 벌이다가 즉위 32년 만인 331년에 갑자기 세상을 떠났습니다. 비록 요동에서 연나라를 축출하지는 못했지만 미천왕은 고구려를 매우 튼튼한 나라로 만들었어요. 그렇게 쌓여진 힘을 바탕으로 증손자인 광개토대왕 때에 이르러 고구려가 동아시아에서 가장 강한 나라가 될 수 있었답니다.

알면 재미있는 이야기

고구려인들은 무엇을 먹고 살았을까요?

고구려인들은 쌀보다는 기장이나 수수, 조 등의 잡곡을 많이 먹었습니다. 처음에는 곡식을 물에 불리거나 가열해서 죽을 만들어 먹었고, 시루에 떡을 쪄 먹기도 했습니다. 그 후, 철제 솥이 널리 보급되면서부터는 밥을 지어 먹었습니다. 솥은 서민들의 가장 중요한 재산이었지요. 357년경에 그려진 안악 3호분 벽화에 시루로 음식을 만들어 먹는 그림이 있는 것으로 보아, 고구려인들은 떡과 밥을 함께 먹었던 것을 알 수 있습니다. 한편 임진강 무등리에서 발견된 5~6세기 고구려 군량 창고에서는 쌀과 조가 함께 발견되었어요. 이는 쌀과 조가 군인들의 주식이었다는 증거이지요. 또 콩을 발효시켜 된장도 만들어 먹었습니다.

고구려인들은 소·돼지·양·닭·말·개 등 다양한 가축을 길렀습니다. 사냥을 즐겼던 만큼 멧돼지·사슴·토끼·꿩 등도 중요한 식량 자원이었지요. 안악 3호분 벽화에는 고기를 꼬챙이에 걸어 보관한 '육고'라는 저장창고가 그려져 있어요. '맥적'이라는 고구려 특유의 고기 요리는 외국에까지 널리 알려졌는데, 고기를 양념해서 불에 구워 먹는 것이었지요. 오늘날 불고기의 원조가 아닐까 싶네요.

고구려 남자들은 평소 허리 왼쪽에는 절굿공이 역할을 했던 갈돌을 달고, 오른쪽에는 오자도라는 칼을 차고 있었어요. 사냥터에서는 고기를 썰기 위해 칼이 필요했겠지요? 그러고 보니 산상왕이 된 연우가 왕후 우씨에게 칼로 고기를 썰어 주다가 손을 베인 일화가 있군요. 또 산상왕의 둘째 왕비가 주통촌 출신인 것으로 보아, 고구려인들은 술을 즐겨 마셨으리라 짐작됩니다. 동맹과 같은 축제에서 술이 빠져서는 안 되겠지요?

고구려는 또 강과 바다에 인접한 나라였으므로 물고기와 해초류·소금 등도 손쉽게 얻을 수 있었어요. 채소로는 부루·아욱·쑥·무·배추 등을 재배했고, 배추나 무 등을 이용해 김치를 담가 먹었어요. 하지만 그 시절에는 고추가 없었으니까 요즘처럼 빨간 김치는 아니었겠죠?

광진구 구의동에서 발견된 고구려의 쇠솥과 시루

알면 재미있는 이야기 *115*

백제와 싸우다 전사한 고국원왕

(재위 : 331~371년)

 고국원왕은 미천왕의 장남으로, 이름은 사유입니다. 314년에 태자가 되었고 331년, 미천왕이 사망하자 왕위에 올랐습니다. 그는 대륙진출의 관문인 요동지역을 놓고 선비족의 나라 전연과 치열한 전쟁을 벌였고, 그 틈을 타 북쪽으로 세력을 넓히던 백제와 평양성에서 싸우다 세상을 떠난 비운의 왕이랍니다.

전연은 고구려의 서쪽인 요서지역을 중심으로 크게 발전한 나라였어요. 특히 전연의 왕 모용황은 중국대륙의 혼란을 틈타 영토를 넓히려는 야심을 가지고 있었어요. 그래서 미천왕과 같은 생각을 가지고 있었어요.

"선비족이 언제 쳐들어올지 몰라. 대비를 해야 해."

고국원왕은 전연이 곧 쳐들어 올 것을 알고 있었으므로 평양성을 더욱 높이 쌓고 만주 북쪽에 성을 쌓는 한편, 진나라에 사신을 보내 동맹을 맺었어요. 또 환도성과 국내성을 튼튼히 쌓아 전쟁에 대비했습니다. 그러자 모용황도 도읍을 용성으로 옮긴 다음, 대군을 이끌고 고구려에 쳐들어왔습니다. 이때 모용황에게는 모용한이라는 꾀 많은 장수가 있었어요. 그는 모용황에게 이렇게 건의했어요.

"군대를 두 갈래 길로 나누어 진격한다면 고구려군을 속일 수 있습니다. 고구려군은 우리가 평탄한 북쪽 길로 갈 것이라 생각할 것입니다. 그 틈을 이용해 험한 남쪽 길로 정예병을 보내십시오."

과연 그의 예상대로 고국원왕은 5만의 군대를 북쪽 길로 보내고 자신은 약한 군대를 이끌고 남쪽 길을 막아섰습니다. 그런데 북쪽 길로 온 전연의 군대는 1만 5천 명에 불과했고, 모용황이 거느린 정예병사 4만 명은 남쪽 길로 진격해 왔어요. 그 때문에 북쪽에서는 고구려군이 전연의 군대를 전멸시켰지만 남쪽에서는 고구려군이 대패하고 말았습니다.

고국원왕은 전연의 군대에 쫓겨 환도성을 버리고 홀로 단웅곡까지 도망쳤습니다. 환도성을 점령한 모용황은, 곧 북쪽에 있는 고구려군이 공격해 올 것이라 생각하여 후퇴를 결심했어요. 하지만 고구려가 훗날 전연을 공격해 올 것에 대비해 환도성의 성벽을 모두 헐어 버렸습니다. 또 선왕인 미천왕의 능을 파헤쳐 시신을 꺼내가고, 고국원왕의 어머니인 주태후를

비롯하여 5만 명의 고구려 백성들을 포로로 잡아갔습니다.

그 때문에 고국원왕은 전쟁이 끝난 후 미천왕의 시신과 주태후를 되돌려 받기 위해 진귀한 보물 1천여 점을 바치며 모용황을 달래야 했습니다. 반면 전연은 고구려를 굴복시킨 후, 서쪽으로 진출하여 황하 하류를 차지하는 대국으로 성장하게 되었어요.

고국원왕은 재기를 꿈꾸며 도읍을 평양의 동황성으로 옮기고 국력을 키우기에 최선을 다했어요. 그리고 14년 뒤인 355년에 주태후가 전연에서 풀려나자 그 동안의 관계를 끊고 복수할 기회만을 엿보았지요.

그런데 그 때, 남쪽의 백제가 치양 땅을 공격해 왔어요. 당시 백제는 뛰어난 왕인 근초고왕이 다스리고 있었는데, 옛 대방군의 영토를 차지하기 위해 북쪽으로 진격한 것이었지요. 불의의 기습을 당한 고구려군은 무려 5천 명이나 되는 군사를 잃고 도망쳐야 했습니다.

화가 난 고국원왕은 2년 뒤, 대군을 동원해 백제를 공격했어요. 그런데 패하 강가에서 백제군의 기습을 받아 또 다시 대패하고 말았습니다. 그 해 겨울, 기세가 오른 백제의 근초고왕과 근구수 태자는 3만 명의 군대를 이끌고 다시 평양성을 공격해 왔어요.

이에 고국원왕은 직접 군사들을 독려하며 맞서 싸웠습니다. 그러나 치열한 싸움의 와중에 고국원왕은 백제군이 쏜 화살에 맞아 전사하고 말았어요. 60세가 넘은 왕의 비장한 죽음이었지요. 이 싸움으로 인해 예성강 유역은 백제의 땅이 되었고, 고구려가 이 땅을 회복한 것은 광개토대왕의 남쪽 정벌 때였습니다.

알면 재미있는 이야기

 고구려 사람들은 어떻게 성을 쌓았나요?

   고구려 사람들은 산지에 풍부한 돌을 채취하여 교통과 방어의 요지에 어김없이 튼튼한 성벽을 만들었어요. 성은 고구려 건축 기술의 종합체였지요. 특히 '치(雉)'라고 하는 건축술은 성벽에 튀어나온 시설물로서, 공격해 오는 적을 삼면에서 반격할 수 있는 획기적인 방식이었습니다. 성벽이 무너지는 것을 방지하기 위해 성벽 하단은 튼튼한 큰 돌로 쌓고, 위로 올라갈수록 작은 돌을 쌓았으며, 성벽의 각도를 조정하여 안정감을 갖게 했던 것이지요.

   또 자연의 절벽이나, 바위 등을 깎아 내지 않고 그대로 활용했으며, 돌과 돌이 서로 맞물리게 쌓아 가장 견고한 방어벽을 만들었습니다. 중국의 강대국들이 고구려와 전쟁을 기피했던 이유 가운데 하나는 고구려의 성벽이 워낙 견고하여, 섣불리 공격해서는 승리할 수 없다는 것을 잘 알고 있었기 때문이었습니다.

국내성
중국 길림성 집안시에 있는
고구려의 도읍 국내성 터

소수림왕은 흐트러진 고구려인들의 마음을 다잡기 위해 불교를 받아들였어요. 또한 율령을 반포하여 나라 안의 질서를 바로잡고, 태학을 설립하여 인재들을 키워 냈어요. 이렇게 나라의 기틀이 바로잡히자 그 결과는 곧 고구려의 융성으로 나타났어요. 광개토대왕과 장수왕으로 이어지는 고구려의 영광은 갑작스런 일이 아니라 오랫동안 쌓여온 고구려의 저력이 있었기 때문이었습니다. 그 당시 천하의 중심은 고구려였고, 고구려인들은 자랑스러운 일등국가의 백성들이었지요. 우리들은 동북아시아 최대의 대제국을 이끌던 고구려의 후손들입니다. 이제 우리들은 무엇을 통해서 그들의 영광을 되살려야 할까요?

제국융성기

천하를 고구려의 말발굽 아래 두다

율령을 반포한 소수림왕
(재위 : 371~384년)

동아시아의 대제국을 건설한 광개토대왕
(재위 : 391~413년)

내정과 외교의 달인 장수왕
(재위 : 413~491년)

율령을 반포한 소수림왕

(재위 : 371~384년)

 고국원왕이 평양성 전투에서 죽은 뒤, 그의 아들 구부가 제17대 왕으로 즉위했어요. 그가 바로 고구려의 고대 국가 체제 정비를 완성한 소수림왕이랍니다. 소수림왕은 짧은 재위 기간 동안 여러 가지 업적을 쌓았어요. 불교를 받아들였고 율령을 반포했으며, 유교 교육기관인 태학을 설립한 일이었지요.

소수림왕이 왕이 되었을 무렵에 고구려는 몹시 어려운 일을 당했어요. 연나라의 모용황에 의해 미천왕릉이 파헤쳐지고 시신을 도둑맞았으며, 왕모와 왕비가 포로로 잡혀가 그들을 달래기 위해 조공을 바쳐야 했지요. 또 그 동안 힘 없는 나라로 여겼던 백제와의 싸움에서 고국원왕이 전사하는 치욕까지 겪었으니까요.

"이대로는 곤란해. 백성들의 마음을 달래 주어야겠어."

소수림왕은 백성들의 마음을 안정시킬 수 있는 것이 무엇인가를 열심히 찾아보았어요. 그 결과, 새로운 종교인 불교를 받아들여야겠다는 생각을 하게 되었지요.

소수림왕은 372년에 전진의 왕 부견이 보낸 사신을 따라온 승려 순도와 2년 뒤에 들어온 아도를 반갑게 맞이했어요. 그리고 왕과 부처님을 동일시하는 왕즉불 사상을 고구려의 지배이념으로 삼았어요. 375년에는 순도와 아도를 위해 성문사와 이불란사라는 절을 지어 주기까지 했답니다.

고구려 내부의 힘을 키우기 위해서는 인재 양성이 급선무였어요. 그래서 유교 교육기관인 태학을 설립해 귀족의 자제들을 교육시키고 유교이념인 충효사상을 널리 보급했습니다. 그와 더불어 373년에는 고대 국가를 통치하는 기본법이라 할 수 있는 율령을 반포했어요. 이런 대대적인 개혁 작업을 통해서 고구려는 비로소 완전한 국가의 형태를 갖출 수 있었습니다.

차츰 나라가 안정되자 소수림왕은 아버지 고국원왕의 원수를 갚기 위해 백제를 수 차례 공격했고, 북방에서 새로 일어난 거란족과 싸우기도 했습

니다. 그 사이 고구려를 끈질기게 괴롭혔던 전연이 멸망하자, 새로운 중국 대륙의 강자로 등장한 전진과 외교 관계를 맺음으로써 국력의 낭비를 막고 개혁에 박차를 가할 수 있었어요.

384년, 아들이 없던 소수림왕이 세상을 떠나자, 그의 아우인 이련이 왕위에 올랐어요. 그가 바로 소수림왕의 정책을 더욱 강화, 발전시켜 아들 광개토대왕이 눈부신 업적을 세울 수 있게 해 준 고국양왕이랍니다.

고국양왕은 북쪽의 후연과 요동 지역을 놓고 일전을 벌였고, 백제와도 적극적으로 싸움을 벌였어요. 또 국사를 세우고 종묘를 수리해 국가와 백성들 간의 일체감을 높였습니다.

국사란, 조선 시대의 사직단과 같은 것으로 나라를 상징하는 사당이고, 종묘는 역대 왕들의 위패를 모시고 제사를 지내는 장소예요. 옛 사람들은 종묘사직을 잃으면 나라의 근본이 무너진다고 생각했어요. 고국양왕은 최초로 나라의 종묘사직을 세움으로써 고구려가 완전한 자주국가임을 선포한 것이지요.

소수림왕과 고국양왕의 이와 같은 노력 덕분에 거듭되는 실패로 절망에 빠졌던 고구려는 크게 변신하게 되었고, 광개토대왕과 장수왕 때의 전성기를 맞이하게 된 것이랍니다. 실패는 성공의 어머니란 말이 있지요? 거듭된 실패를 딛고 일어난 고구려의 힘, 우리들은 역사를 되돌아보며 이 같은 교훈을 실감나게 깨달을 수 있답니다.

알면 재미있는 이야기

● 고구려에 불교는 어떻게 전래되었나요?

소수림왕이 불교를 공식적으로 인정한 것은 전진에서 승려 순도가 불상과 경전을 가져온 때부터였어요. 뒤를 이은 고국양왕 역시 적극적으로 불교를 장려했고, 광개토대왕은 평양에 9개의 절을 지어 주기도 했습니다. 그로 인해 고구려의 불교는 크게 융성했어요.

고구려의 스님들은 다른 나라에 건너가 포교 활동을 하기도 했어요. 영양왕 때 일본에 건너가 금당 벽화를 그린 담징도 고구려의 승려였어요. 또 혜량은 신라로 건너가 신라 불교의 최고지도자인 국통에 올라 팔관회를 개최하기도 했습니다. 그런데 고구려의 왕들은 왜 그토록 불교를 장려했을까요? 그것은 불교가 국가에 대한 충성을 강조하는 등 왕의 권위를 강화하는 데 큰 도움이 되었기 때문이었습니다.

현재까지 전해 내려오는 고구려의 불교 유적으로는, 정릉사나 금강사 등의 절터와 신묘명 금동 아미타여래상, 원오리 흙부처 등이 있습니다. 장천 1호분 벽화에서는 부처와 보살의 모습도 볼 수 있답니다.

그렇지만 고구려 불교는 백제와 신라의 불교만큼 발전하지는 못했어요. 왜냐하면 고구려에서는 두 나라와 달리 민족 고유의 종교의 힘이 워낙 강했기 때문이지요. 장천 1호분 벽화를 보면 고구려인들은 조상신을 숭배하는 동시에, 불교도 믿었다는 것을 알 수 있답니다.

율령이란 무엇인가요?

　중국의 역사책을 보면 고구려에는 범죄가 적어서 감옥이 없었다고 합니다. 고구려인들이 모두 어진 성품이었기 때문일까요? 그보다는 고구려에서 죄를 저지르면 처벌이 매우 엄했기 때문이었어요. 나라와 왕을 배반한 사람은 먼저 불로 지진 다음, 목을 베고 전 재산을 빼앗았습니다. 또 도둑질한 사람은 그 물건의 10배를 갚도록 했습니다. 만약 그것을 갚을 수 없다면 죄인과 그의 자식들을 노비로 삼아서 보상하게 했지요. 또한 농사짓는 데 필요한 소나 전쟁에 필요한 말을 함부로 죽이는 사람도 노비로 삼았다고 합니다.

　고구려 초기에는 범죄자가 생기면 부족의 지도자들이 회의를 통해 이와 같은 형벌을 결정했어요. 하지만 죄에 따른 형벌의 기준이 부족마다 다르고 마을마다 달라, 억울한 일이 많이 생겼지요. 그래서 373년에 소수림왕이 국가의 공식적인 법률인 율령을 만들어 반포했던 것이랍니다.

　율령은 사회 전반에 걸쳐 표준을 만드는 작업이었어요. 형벌뿐만 아니라 정부와 관청의 조직을 체계화하고 도량형을 표준화하며, 세금을 어떻게 거둘 것인지, 군대는 어떻게 유지할 것인지 등 나라를 다스리는 데 필요한 모든 것이 여기에 포함되었지요.

　이렇게 법이 통일되자, 같은 죄를 지었는데도 누구는 가벼운 벌을 받고 누구는 무거운 벌을 받는 억울한 일이 사라졌지요. 또 물건의 크기와 무게를 재는 도량형도 통일되어 시장에서 물건을 거래할 때 매우 편리했어요. 아울러 세금의 징수나 국가적인 여러 행사들도 원칙에 맞추어 순조롭게 치러낼 수 있게 되었습니다.

　이처럼 고구려는 철저하게 법률로 관리되는 나라였어요. 이렇듯 분명하고 투명하게 나라를 다스리자 고구려의 국력도 크게 성장하게 되었어요. 소수림왕의 율령 반포는 그만큼 고구려 발전에 기여한 획기적인 업적이었답니다.

알면 재미있는 이야기

동아시아의 대제국을 건설한 광개토대왕

(재위 : 391~413년)

고구려의 역사상 가장 위대했던 임금이자 정복자였던 광개토대왕은, 영락대왕이라고도 합니다. 어릴 때의 이름은 담덕이며, 고국양왕의 아들로 373년에 태어났지요. 그는 18세 때 왕이 되어 40세에 세상을 떠났지만, 왕위에 있던 23년 동안 고구려의 영토를 크게 넓혔습니다.

광개토대왕의 업적은 오랫동안 알려지지 않았어요. 통일신라 때 기록이 사라진 점도 있지만 《삼국사기》를 쓴 김부식이 신라를 중심으로 역사를 썼기 때문이라고도 해요. 하지만 역사는 감춰질 수 없는 법이지요. 지금으로부터 120년 전, 청나라의 한 농부가 밭을 갈다가 땅 속에서 커다란 비석을 발견하면서 광개토대왕의 위대한 업적이 세상에 드러나게 되었지요. 바로 중국 집안시에 있는 광개토대왕릉비입니다.

이 비문에 따르면, 광개토대왕은 고구려 역사상 가장 눈부신 정벌 활동을 펼쳤습니다. 이 때문에 후손들이 '크게 영토를 넓힌(廣開土)' 대왕이라고 불렀으며, 더 나아가 대왕보다도 더 위대한 '태왕'이라 칭했던 것입니다. 광개토대왕비에는 '국강상광개토경평안호태왕'이라는 긴 이름으로 그를 추모하고 있답니다.

광개토대왕은 즉위 초기에 할아버지인 고국원왕의 원수를 갚기 위해서 백제를 정벌하여 10여개의 성을 빼앗았어요. 또 난공불락으로 알려져 있던 백제의 관미성을 함락시켜 백제를 궁지에 몰아넣었습니다. 이 충격으로 백제의 진사왕이 사망하고 아신왕이 즉위했지만, 고구려군의 공격은 그칠 줄 모르고 계속되었어요. 그리하여 395년에는 백제의 도읍까지 함락시켜 아신왕의 항복을 받아냈습니다.

이때 광개토대왕은 아신왕으로부터 평생 신하가 되겠다는 맹세와 함께 많은 전리품과 포로들을 얻었어요. 하지만 아신왕은 진심으로 고구려에 굴복한 것이 아니었어요. 건국 이래 최대의 치욕을 당한 백제는, 고구려에 복수하기 위해 태자인 전지를 왜국에 볼모로 보내어 구원병을 요청했어요. 그리하여 왜군이 도착하자 아신왕은 가야와 함께 신라를 공격하는 한편, 고구려에게 빼앗긴 옛 대방군 지역을 공격했습니다.

이런 백제의 도발 소식을 들은 광개토대왕은 보병과 기병 5만을 신라에 파견하여 백제를 물리치고 왜군을 격퇴했습니다. 왜군이 가야 땅으로 후퇴하자 광개토대왕은 공격의 고삐를 늦추지 않고 금관가야에까지 공격해 들어가 항복을 받아 냈어요.

당시 고구려는 북쪽에서 모용황의 후손이 세운 후연과 대치하고 있는 상황이었습니다. 하지만 후연을 물리치기 위해서는 준비가 필요했지요.

그래서 광개토대왕은 395년에 친히 군사를 이끌고 거란족 정벌에 나섰어요. 의무려산과 노노아호 산맥을 지나 서요하 유역의 염수 지역을 공격한 광개토대왕은 거란족의 부락을 초토화시키고 엄청난 양의 소와 말, 양을 빼앗는 성과를 얻었습니다. 특히 말은 고구려의 주력부대인 기병대를 키우기 위해 꼭 필요한 동물이었지요.

이윽고 모든 준비가 갖추어지자 400년부터 광개토대왕은 후연과 전쟁을 시작했어요. 이때 고구려의 기세는 너무나 막강해서 천하에 적수를 찾아보기 힘들 지경이었어요. 402년에는 요하를 건너 숙군성을 비롯한 후연의 요충지를 차례차례 격파했고, 404년에는 후연의 후방인 현재 북경 부근의 연군을 차지하는 성과를 올렸지요.

이와 같은 일방적인 고구려의 승리가 계속되자 혼란에 빠진 후연은 내

부에서 정변이 일어나 멸망하고 말았어요. 실로 대단한 결과가 아닐 수 없었지요. 그 뒤 후연은 고구려인의 후손인 고운에 의해 북연이란 나라로 다시 태어나게 됩니다. 그러자 광개토대왕은 북연을 신하의 나라로 삼고 외교관계를 맺었습니다. 그 후 북연은 대대로 고구려에 복종하다가 435년, 북위의 공격을 받아 멸망의 위기가 닥치자 왕과 백성들이 고구려로 귀순하게 됩니다.

광개토대왕의 영토확장은 이에 그치지 않았습니다. 410년, 광개토대왕은 동부여를 공격해 64개의 성과 1,400개의 촌락을 정벌하고 동부여 왕의 항복을 받아 냈어요. 이로써 동부 만주와 연해주 지역이 모두 고구려의 영토가 되었지요. 또 숙신을 신하의 나라로 삼았고, 남쪽과 동북쪽으로도 세

력을 크게 넓혔습니다.

　그때의 고구려는 남쪽으로는 임진강 유역, 서쪽으로는 요하, 북쪽으로는 개원과 영안, 동쪽으로는 훈춘까지 엄청나게 큰 영토를 가진 나라였어요. 한반도는 물론, 만주 일대가 광개토대왕의 말발굽 아래 고개를 숙이게 된 것이지요. 광개토대왕은 그야말로 알렉산더나 칭기즈칸에 못지 않은 대제국을 건설한 것입니다.

　그 후, 광개토대왕은 넓어진 영토에 걸맞게 내정을 튼튼히 다졌고, 영락이라는 독자적인 연호를 사용하여 고구려가 중국의 속국이 아닌 당당한 대국임을 선언했습니다. 그래서 사람들은 광개토대왕을 영락대왕이라고 부르기도 했답니다.

광개토대왕비

　이렇듯 광개토대왕이 짧은 기간 동안 고구려를 비약적으로 성장시킬 수 있었던 것은, 군대 통솔력이 남달랐기 때문이었어요. 당시 고구려의 철갑 기병대는 막강한 힘을 자랑했고, 친위군인 왕당군 또한 뛰어난 활약을 펼쳤지요. 또 육군만이 아니라 해군력도 뛰어나 서해바다를 장악하고 있었어요. 따라서 고구려군은 육지와 바다에서 입체적인 작전이 가능했던 것이지요.

　이런 강력한 힘은 나라의 내실이 튼튼하지 않다면 오랫동안 유지할 수 없답니다. 고구려는 이미 소수림왕과 고국양왕이 법률과 교육, 종교 분야에서의 개혁을 이루어 기초가 튼튼한 상태였어요. 그러므로 광개토대왕은 그 위에 아주 높고 넓은 성을 쌓아올릴 수 있었답니다.

그러나 안타깝게도 광개토대왕의 삶은 그리 길지 않아서, 40세의 젊은 나이에 세상을 떠나게 되었어요. 하지만 그가 23년 동안 이루어 낸 업적은 그보다 오래 살았던 수많은 왕들이 꿈도 꾸어 볼 수 없는 것들이었지요.

이와 같은 광개토대왕의 업적은 그의 현명한 아들인 장수왕에 의해 더욱 굳게 다져졌어요. 장수왕은 414년에 광개토대왕릉비를 세워 아버지의 업적을 후세에 널리 알렸어요. 현재 중국 길림성 통화전구 집안현에 있는 이 비석에서, 역사는 광개토대왕을 이렇게 추모하고 있답니다.

광개토대왕의 영정

그의 은혜와 혜택이 하늘에 가득 찼고,
위엄과 무공은 온 세상을 덮었으며,
못된 자들을 없애 생업을 편안케 하니,
나라는 부유하고 백성은 넉넉하고
오곡이 풍요롭게 무르익었다.

광개토대왕 이후 고구려는 좁은 지역의 강국이 아니라 동북아시아의 대제국으로 군림하게 됩니다. 때문에 그는 건국시조인 동명성왕과 더불어 고구려의 대표적인 왕으로 추앙받고 있는 것이지요.

알면 재미있는 이야기

🔴 광개토대왕은 왜 삼국을 통일하지 않았을까요?

　광개토대왕은 분명히 백제와 신라 등을 정벌하여 한반도를 완전히 통일시킬 수 있는 능력이 있었을 것입니다. 그렇다면 우리 민족의 역사는 전혀 다른 모습이 되었겠죠? 하지만 광개토대왕의 생각은 우리와 달랐던 것 같습니다. 한때 고구려는 왜와 가야로부터 침공을 받은 신라를 구해 주고, 신라의 도읍에 군대를 주둔하기까지 했지만 나라를 복속시키지는 않았지요. 또 백제의 아신왕에게도 항복을 받았지만 나라를 멸망시키지는 않았습니다. 광개토대왕은 같은 언어와 생활습관을 가진 신라와 백제를 형제의 나라로 생각했던 것이지요.

　하지만 고구려는 동북아시아의 질서를 파괴하는 거란족이나 왜국은 철저하게 물리쳤어요. 그러나 거란족의 나라 후연이 멸망한 뒤, 고구려인의 후예가 그 자리에 북연을 세우자 같은 종족의 나라로 여기고 공격하지 않았답니다.

　이처럼 광개토대왕은 뿌리가 같은 나라들과 다른 민족을 철저하게 구분했습니다. 하지만 신라와 백제는 언제까지나 고구려의 그늘 밑에 있고 싶지 않았지요. 자신의 운명을 스스로 개척하고 싶었던 것이지요. 그래서 고구려의 힘이 강력했던 시기에는 숨을 죽이고 있다가, 국력이 쇠약해지자 백제와 신라는 서로 동맹을 맺고 고구려를 공격했던 것입니다.

　한편, 백제는 고구려보다 약하기는 하지만 완전히 복속당할 만큼 힘이 없는 나라는 아니었어요. 백제는 왜국은 물론, 중국 일부와 서해바다를 지배하고 있었으므로 고구려가 백제를 멸망시키려면 엄청난 피해를 감수해야 했어요. 그런 면에서는 신라의 저력도 무시할 수 없는 것이었지요.

　어쨌든 고구려가 삼국을 통일했다면 우리나라는 어떻게 되었을까요? 그건 상상에 맡겨야겠지요. 분명한 사실은, 고구려가 백제와 신라에 앞선 문화와 제도를 전해 주었고, 우리 민족이 통일될 수 있는 기반을 마련해 주었다는 사실이랍니다. 고구려가 없었다면 신라와 백제도 없었을지도 모른다는 것이지요.

고구려는 해양강국이었어요

후세 사람들은 고구려, 백제, 신라 삼국 가운데 해외에 영토를 개척하고 활발한 무역활동을 한 백제를 높이 평가해 해양왕국으로 부르고 있지요. 하지만 4세기 말 광개토대왕 이후부터는 사정이 좀 달랐어요. 대륙의 주인공이던 고구려가 바다까지 정복했던 것이지요.

원래 고구려가 졸본에서 국내성으로 도읍을 옮긴 이유도 압록강을 통한 수상교통과 수산자원을 이용하기 위해서였어요. 고구려인들은 또 요하·송화강·눈강·우수리강·혼하·태자하·압록강과 두만강·청천강·대동강 등의 수많은 하천을 누비면서 많은 고기를 잡았고, 풍부한 물을 이용해 농업을 크게 발전시켰어요. 이런 저력을 바탕으로 고구려는 동해안의 동예를 복속시켰고, 서해를 통해 중국의 여러 나라와 교류했습니다. 동천왕 때는 양자강 유역의 오나라와 수교했고, 장수왕 때는 바다를 통해 송나라에 명마를 수출하기도 합니다.

그렇지만 고구려가 바다의 지배자가 된 것은 광개토대왕이 백제 수군의 근거지였던 관미성을 함락시킨 뒤였습니다. 그 후 고구려는 서해 중부는 물론, 대륙 동해안의 교역까지 움켜쥐게 되었지요. 5세기 초에는 울산에서 신라의 해안을 침입하는 왜선을 격퇴했답니다. 한편, 478년에는 남해에서 왜국과 송나라간의 왕래를 가로막기까지 했어요.

고구려는 이처럼 동서해는 물론 남해까지 장악하고 활발한 해상 무역을 통해 나라를 부강하게 했어요. 그러면서 바다를 통한 적의 공격에 대비해 요동반도 남부와 장산군도에 비사성을 비롯한 해양 방어성을 세워 강력한 해군을 육성했지요.

이를 바탕으로 고구려는 598년, 수나라와의 전쟁에서는 적의 해군기지를 격파하여 전쟁을 유리하게 이끌기도 했어요. 또 당나라와의 전쟁에서도 고구려 해군의 활약은 눈부셨습니다. 바다를 제패하는 자가 세계를 제패한다는 말이 있지요? 고구려가 바로 그 격언의 주인공이었지요.

내정과 외교의 달인 장수왕

(재위 : 413~491년)

광개토대왕이 젊은 나이로 세상을 떠나자 아들 거련이 왕위에 올랐어요. 그가 바로 광개토대왕의 유업을 이어 고구려를 더욱 강건하게 만든 장수왕이랍니다. 장수왕은 79년 동안이나 나라를 다스리면서 아버지 못지않게 고구려의 전성기를 이끌었습니다.

"어떻게 하면 전쟁 없이 평화로운 나라를 만들 수 있을까?"

장수왕은 아버지 광개토대왕이 이룩해 놓은 대제국 고구려를 더욱 강하고 안전하게 다스리고 싶었어요. 그래서 주변 나라들과의 외교에 온 힘을 쏟았어요.

당시 중국대륙과 북아시아의 정세는 매우 복잡했어요. 중국대륙에서는 양자강을 중심으로 북쪽으로는 유목민족들이 북위란 나라를 세웠고, 남쪽으로는 동진과 송, 남제의 순으로 나라가 자주 바뀌고 있었지요. 그러므로 고구려는 북쪽으로 북위, 남쪽으로 백제라는 두 개의 적과 대치하고 있었어요. 때문에 장수왕은 북위 뒤에 있는 동진, 그 뒤를 이은 송나라, 남제 등과 동맹을 맺고 함부로 고구려를 침공하지 못하도록 견제했습니다.

고구려 서쪽 지역에서 크게 성장한 북위는 매우 호전적이었어요. 북위는 대군을 동원하여 고구려의 영향력 아래 있던 북연을 공격했어요. 다급해진 북연왕 풍홍은 고구려에 구원을 청했습니다. 그러자 장수왕은 장군 맹광에게 2만의 군대를 주어 북연으로 보냈어요. 맹광이 이끄는 고구려군은 아무런 저항 없이 북연의 도성에 들어가 북연왕 풍홍과 백성들을 데리고 고구려로 돌아왔습니다. 그 동안 북위군 지휘관 고필은 고구려군이 두려워 감히 공격하지 못했지요.

북위는 북연을 멸망시켰지만 북연의 모든 백성들과 재물이 고구려의 수중에 들어가자 몹시 화가 났어요. 그래서 고구려를 공격하려 했지만 쉬운 일이 아니었지요. 왜냐하면 북위의 북쪽에 유목국가인 유연이 노리고 있었고, 남쪽에서는 송나라가 창끝을 겨누고 있었기 때문입니다.

"뒤쪽이 위험하니 함부로 쳐들어오지 못하겠지."

장수왕은 이런 생각으로 북쪽의 나라들과 외교 전술을 펼치면서 남쪽의 백제를 견제하고 있었어요. 그런데 망명객이었던 북연왕 풍홍이 자신의 처지도 잊은 채 거드름을 피우자, 장수왕은 그의 종들을 빼앗아 아들을 인질로 삼아 버렸습니다.

이에 불만을 품은 풍홍은 몰래 송나라로 망명하려 했어요. 이 사건으로 인해 고구려와 북위, 송나라 사이에 분쟁이 벌어졌습니다. 북위에서는 당장 풍홍을 내놓으라고 요구하고 있었고, 또 북위와 대치하고 있던 송나라의 태조 역시 사신 왕백구를 파견하여 풍홍을 송나라에 보내 달라고 요청했어요. 고민하던 장수왕은 교묘한 방법으로 문제를 해결했습니다.

그는 일단 왕백구에게 풍홍을 넘겨준 다음, 그들이 고구려 국경 부근의 북풍에 다다랐을 때 손수와 고구 두 사람의 장수를 보내 풍홍과 그 가족들을 없애 버렸습니다. 장수왕은 송나라가 풍홍을 내세워서 고구려에 적대적인 나라를 세우면 골칫거리가 될 것이라고 생각했던 것이지요. 그러자 왕백구는 7천 명의 송나라 군사를 이끌고 추격해 와 고구를 죽이고 손수를 사로잡았습니다.

그러자 장수왕은 미리 준비해 두었던 군대를 재빨리 출동시켜 송나라 군대를 격파한 다음, 고구려 장수를 죽인 죄목으로 왕백구를 사로잡았어요. 그리고 왕백구를 송나라에 보내, 죄 없는 고구려의 장수를 죽였으니 벌을 주라고 요구했어요. 강국인 고구려와 직접 대결하기가 껄끄러웠던 송 태조는 하는 수 없이 형식적으로 왕백구를 옥에 가두는 척할 수밖에 없었어요. 그렇게 해서 풍홍으로 인한 분란은 조용히 마무리 지을 수 있었습니다.

북위로 인해 서로가 충돌을 원치 않았던 송나라와 고구려는 이렇듯 사소한 분쟁들을 슬기롭게 극복하면서 평화로운 관계를 유지할 수 있었습니다. 그 후 장수왕은 다시 북위에 사신을 보내 화해를 도모했어요.

북위는 5세기 경, 동아시아에서 가장 인구도 많고 힘이 센 나라였지만 이렇듯 교묘한 외교술을 구사하는 장수왕을 당해 낼 수 없었어요. 그래서 북위와 고구려는 서로 적대시하지 않고 평화롭게 지낼 수 있었지요. 당시 중국의 북위와 유연, 송나라는 서로 자주 싸운 탓에 발전이 매우 늦었어요. 하지만 고구려는 상대적으로 평화를 누리면서 인구도 크게 늘고, 문화와 경제도 크게 발전했습니다.

이렇게 고구려의 북서쪽 국경을 안정시킨 장수왕은 국내성이 있는 집안에 아버지 광개토대왕의 업적을 기리는 비를 세웠고, 427년에 평양성으로 도읍을 옮겨 왕권을 더욱 강화시켰어요.

도읍을 국내성에서 평양으로 옮긴 일은 실로 커다란 사건이었습니다. 이전의 도읍이었던 국내성은 압록강 유역에 있어서 지리적으로 천혜의 요충지임에는 틀림없었지만 주변에 넓은 평야가 없었지요. 그래서 보다 경제적인 기반이 튼튼하고 교역의 중심지로서 기능할 수 있는 새로운 수도가 필요했는데, 최적의 장소가 바로 평양이었답니다. 평양은 서해와 대동강을 끼고 있으면서 넓은 평야 지대가 있었고, 기후도 따뜻해서 대제국의 도읍으로서 손색이 없었지요.

이후 장수왕은 미루어 두었던 남진정책을 강력하게 추진합니다. 도림이란 승려를 백제에 파견하여 내정을 교란시킨 다음, 475년 9월에 3만 명의 군대를 동원하여 백제의 도읍인 한성으로 진격했던 것이지요.

다급해진 백제의 개로왕은 태자 문주를 급히 신라로 보내 구원을 요청했습니다. 그렇지만 신라군이 도착하기 전에 한성은 함락되었고 개로왕은

고구려의 '철마군단' 모형
1994년 북한 지역인 강원도 철령의 고구려 건물터 부근 무덤에서 출토. 총 58점의 철제·청동제 기마가 12열의 군대식 대열을 이루고 있다. 평양 조선중앙역사박물관에 소장되어 있다.

탈출하다가 고구려군에게 사로잡혀 아차산성 아래에서 죽음을 당합니다. 이로 인해 백제는 웅진으로 도읍을 옮기게 된답니다.

충북 중원 지역에서 발견된 중원 고구려비는 이와 같은 당시의 한강 유역의 정세를 잘 설명해 주고 있어요. 비문에는 고구려가 천하의 중심 국가라는 자부심이 담겨 있을 뿐만 아니라, 고구려왕과 신라왕이 형과 아우가 되어서 서로 합심하여 세상의 질서를 지켜 나가자는 내용이 담겨 있습니다. 이것은 고구려와 신라가 서로 상하 관계를 맺었음을 보여주는 증거이지요.

장수왕의 시대에 고구려는 서쪽으로 요하, 북쪽으로는 개원, 남쪽으로는 아산만과 남양만에서 죽령에 이르는 광대한 영토를 가지고 있었습니다. 당시 고구려는 화려한 고분 벽화 문화가 발달했는데, 무용총과 각저총을 비롯한 많은 벽화 무덤이 만들어졌지요. 그리하여 동아시아의 미술 문화는 서쪽의 돈황과 함께 고구려의 평양과 집안 일대에서 화려하게 꽃피웠답니다.

그리고 새롭게 확대한 영토를 개간하여 경작지가 늘어 농산물의 생산이 크게 증가했고, 광업과 상업도 함께 발전했습니다. 또 동아시아의 바다를 제패하면서 해외 무역이 활발히 펼쳐졌습니다.

491년, 98세의 나이로 세상을 떠날 때까지 장수왕은 아버지 광개토대왕과는 다른 방법으로 고구려를 크게 번영시킨 위대한 왕이었습니다. 오늘날 장수왕의 능으로 알려져 있는 집안의 장군총은 엄청난 규모를 자랑하고 있어요. 그것은 마치 장수왕이 이룩한 대 고구려의 위용을 보여 주고 있는 것 같답니다.

알면 재미있는 이야기

장수왕의 스파이 도림

　도림은 장수왕이 백제를 정복하는 데 결정적인 역할을 한 인물이랍니다. 472년, 고구려에 파견된 북위의 사신은 백제가 고구려를 공격하자는 제안을 해 왔다고 일러바쳤어요. 그 당시 백제는 아신왕이 광개토대왕에게 항복한 후 열심히 힘을 길러 매우 강한 군대를 가지고 있었지요. 장수왕으로서는 준비 없이 백제를 공격했다가는 망신을 당할 것이라 생각하고 도림이란 승려를 백제에 보냈습니다.

　도림은 고구려에서 죄를 짓고 도망 온 것처럼 백제의 개로왕을 속였어요. 바둑의 고수였던 그는 곧 개로왕에게 바둑을 가르치며 매우 친해졌습니다. 개로왕은 도림의 바둑 실력에 감탄하며 늘 곁에 두고 바둑을 두었지요. 그러던 어느 날, 도림은 넌지시 개로왕을 자극했어요.

　"제가 보기에 백제는 부유하고 강한 나라인데 성곽과 궁궐은 몹시 낡아 보이는군요. 또 홍수 때면 둑이 넘치니 백성들의 집이 물에 떠내려가기 일쑤입니다. 그들을 위해 제방을 새로 쌓아 주는 것이 대왕의 성덕일 것입니다."

　솔깃해진 개로왕은 백성들을 동원해 화려한 성과 궁궐을 짓도록 했습니다. 선왕의 능도 다시 쌓았고 한강 연안을 따라 긴 제방을 쌓았습니다. 이렇듯 한꺼번에 많은 공사를 벌이니 나라의 창고가 텅 비게 되었고, 강제로 공사에 동원된 백성들의 원성이 하늘을 찔렀지요. 도림은 자신의 계책이 성공하자 회심의 미소를 지으며 백제를 빠져나왔습니다.

　도림이 돌아오자 장수왕은 즉시 3만 명의 군대를 동원하여 백제를 침공했어요. 개로왕은 수도 한성의 성문을 닫고 굳세게 저항했지만 역부족이었습니다. 개로왕은 고구려의 스파이 도림의 말에 속아 넘어간 자신을 한탄했지만 이미 때는 늦었지요. 그는 태자 문주를 신라에 보내 도움을 청하고 급히 성을 빠져나가려다가 고구려군에게 사로잡혀 처형당하고 말았습니다. 이 일로 인해 백제는 한성을 버리고 웅진으로 도읍을 옮겨야만 했지요.

중원 고구려비

충주시 가금면 용전리 입석 부락에 있는 중원 고구려비는 1979년 충주 지방의 문화재 애호단체인 예성 동호회에서 발견하여, 단국대학교 박물관 학술조사단에 의해 확인된 고구려의 비석이랍니다. 화강암으로 만들어진 이 비석은 1981년에 국보 제205호로 지정되었는데, 모양이나 새겨진 글씨체 등이 중국의 집안시에 있는 광개토대왕릉비와 비슷하답니다.

비석에 새긴 글씨는 오랜 세월 동안 비바람에 씻겨 모두 읽을 수는 없지만, 고구려와 신라가 국경문제로 다투다가 화해를 한 기념으로 세워졌다고 합니다. 내용은 고구려와 신라가 화친을 하면서 고구려가 형님이 되고 신라가 아우가 된다는 것과, 고구려의 영토가 소백산맥을 경계로 조령과 죽령에 이르렀다고 씌어 있어요. 그러므로 당시에 고구려와 신라의 국경을 구분했던 일종의 정계비로 볼 수 있다고 합니다.

중원 고구려비

고구려가 최전성기에 이르자 고구려의 귀족들은 나태에 빠졌고, 백성들을 잘 돌보지 않았습니다. 그것은 곧 국력의 쇠퇴로 이어졌지요. 문자명왕 때의 태평성대를 지나 안장왕과 안원왕, 양원왕에 이르는 시기는 그런 허점을 가장 잘 나타낸 때였습니다. 하지만 고구려는 평원왕과 영양왕 때에 다시 힘차게 일어났어요. 그리하여 막강했던 수나라와 당나라의 공격을 격퇴해 낼 수 있었어요. 그러나 안타깝게도 영웅 연개소문이 죽은 뒤, 고구려의 역사는 허무하게 저물어갔습니다. 하지만 그들의 기상은 끊어지지 않고 대조영의 발해로 꾸준히 이어졌어요. 그리하여 고구려란 이름은 고려를 넘어 오늘날의 코리아에 이르기까지 세계 속에 찬란히 빛나고 있답니다.

제국쇠망기

영광의 제국, 역사 속에 저물다

고구려의 안정기를 이끈 문자명왕
(재위 : 492~519년)

온달장군의 장인 평원왕
(재위 : 559~590년)

수나라와 싸워 이긴 영양왕
(재위 : 590~618년)

연개소문의 허수아비 보장왕
(재위 : 642~668년)

고구려의 안정기를 이끈 문자명왕
(재위 : 492~519년)

장수왕의 맏아들 조다는 아버지가 너무 오래 사는 바람에 왕위에 올라 보지도 못하고 세상을 떠났어요. 그래서 장수왕의 뒤를 이어 왕에 오른 사람은 손자인 나운이었습니다. 그가 바로 고구려 제21대 문자명왕이지요.

문자명왕은 498년, 평양에 금강사라는 절을 지어 불교를 장려했으며,

장수왕과 마찬가지로 주변의 나라들과의 외교 활동에 온 힘을 기울였어요. 문자명왕이 다스리던 시기에 중국대륙에서는 강대국 북위와 새로 일어난 양나라가 경쟁하고 있었지요. 또 여전히 남쪽에서는 백제와 신라가 합세하여 고구려를 괴롭혔지만 이를 잘 막아 냈습니다.

494년, 부여가 숙신의 한 종족인 물길족에게 멸망하자 부여의 왕족들을 고구려로 받아들였으며 497년에는 신라의 우산성을, 512년에는 백제의 가불성을 함락시켰습니다. 하지만 문자명왕은 영토를 늘리려 하기보다는 잘 지키는 쪽을 선택했으므로 특별히 커다란 전쟁은 일어나지 않았지요.

이렇듯 태평성대를 이끌어 가던 문자명왕은 즉위 28년인 519년에 세상을 떠났어요. 그 뒤를 이은 장남 흥안이 고구려 제22대 안장왕이었습니다. 안장왕 역시 아버지인 문자명왕과 마찬가지로 중국의 남북조에 조공을 하며 평화롭게 나라를 이끌었어요. 그러나 고구려 내부의 권력다툼으로 인해 531년에 피살되었고, 동생인 보연이 제23대 안원왕으로 즉위했답니다.

안원왕은 키가 약 2m에 이를 정도로 거구였고, 도량이 매우 넓었어요. 그 역시 선왕들처럼 중국의 나라들과 편안한 관계를 유지했지만 남쪽의 신라와 백제의 공격을 자주 받았습니다. 그가 다스리던 시기에 고구려에는 홍수와 지진, 전염병이 많이 생겼어요. 또한 엎친 데 덮친 격으로 추군과 세군이라는 두 왕비가 안원왕의 후계자를 놓고 치열한 권력다툼을 벌였습니다.

이 싸움은 고구려의 귀족들까지 합세해 다투다가 마침내 무력충돌로 이어졌어요. 545년 3월에 벌어진 이 싸움은 양쪽에서 무려 2천여 명이 죽었을 정도로 큰 사건이었어요. 그 와중에 안원왕까지 피살되는 비극이 벌어졌지요. 안장왕에 이어 안원왕까지, 형제였던 두 왕이 모두 내부의 권력다툼으로 인해 목숨을 잃었으니, 그 당시 고구려의 사정이 얼마나 어지러웠는지 짐작할 만하지요?

이런 혼란기에 안원왕의 맏아들로서 왕위에 오른 양원왕은 힘든 나날을 보낼 수밖에 없었어요. 고구려의 왕은 이미 힘을 잃었고, 귀족들에 의해 나라가 움직이는 상황이었거든요. 때문에 551년까지도 고구려의 정치는 안정을 찾지 못했습니다.

귀족회의 의장인 대대로의 자리를 놓고 귀족들이 저마다 세력을 다투었고, 왕은 그저 결과를 받아들일 뿐이었지요. 조정이 이런 지경이니 백성들의 사정은 좋아질 리가 없겠지요? 그처럼 나라 안팎으로 분열된 고구려는 점점 종이 호랑이가 되어 갔지요.

이런 빈틈을 신흥국가인 돌궐족이 비집고 들어왔어요. 돌궐족은 북쪽 초원지대를 지배하고 있던 유연을 멸망시키고 고구려 땅까지 넘보았던 것이

　지요. 고구려는 고흘 장군의 활약으로 간신히 적을 막아 낼 수 있었지만 그로 인해 국력이 더욱 쇠약해졌습니다.

　돌궐과의 싸움으로 인해 고구려는 군대의 대부분을 북쪽에 배치할 수밖에 없었어요. 고구려가 대국의 모습을 지키기 위해서는 북쪽 국경이 안정되지 않으면 안 되었으니까요. 고구려와 돌궐은 이후에도 두 나라 사이에 있는 거란족과 말갈족의 통제권을 놓고도 수 차례 싸웠지요.

　이런 고구려의 곤란한 상황을 알게 된 백제와 신라, 가야의 연합군이 또다시 한강 유역을 침공해 왔어요. 당시 두 나라에는 성왕과 진흥왕이란 뛰어난 지도자들이 있었지요. 그리하여 백제는 한강 하류에 있는 6개의 성을 차지하고, 신라는 한강 상류에 있는 10개의 성을 차지했습니다.

그 결과, 고구려는 순식간에 지금의 경기도와 강원도 일대의 넓은 땅을 빼앗겼어요. 하지만 고구려는 이런 백제와 신라의 도발에 적극적으로 대응할 수 없었지요. 왜냐하면 돌궐이 계속 고구려를 노리고 있었고, 서쪽에 있는 중국 북제와의 사이가 나빠졌기 때문이었어요.

그렇게 고구려가 곤란에 빠져 있을 즈음, 신라가 고구려에게 평화 조약을 제의해 왔습니다. 고구려는 어쩔 수 없이 그 제의를 받아들이고 신라의 한강 유역 점령을 인정했습니다. 그러자 신라는 553년에 백제를 공격하여 한강 하류 지역의 땅을 빼앗았지요.

이때 갑작스런 신라의 배신에 화가 난 백제의 성왕이 신라에 반격을 하다가 목숨을 잃기까지 했어요. 결국 세 나라 가운데 가장 약했던 신라가 한강 유역을 모두 차지하게 되었습니다. 이때의 분쟁으로 세 나라는 서로를 믿지 못하게 되었고, 예전보다 훨씬 치열하게 싸움을 벌이게 되었지요. 어쨌든 이런 과정을 통해 백제와 신라의 동맹이 깨어지자 고구려는 남쪽의 걱정을 덜 수 있었습니다.

내정의 불안으로 인해 고구려의 힘이 점점 쇠약해지자 북제는 그 동안 고구려에 복속되어 있던 거란을 정벌했고, 557년에는 환도성에서 반란이 일어나는 등 골치 아픈 일들이 연이어 벌어졌어요. 양원왕은 귀족들의 틈바구니에서 이런 사태를 제대로 처리할 수 없었지요. 그렇게 무기력한 왕이었던 양원왕은, 재위 15년인 559년 3월에 세상을 떠났습니다.

알면 재미있는 이야기

 '춘향전'은 안장왕의 사랑에서 유래했다?

여러분은 춘향전에 대해서 잘 알고 있을 거예요. 춘향전은 판소리와 고전 소설로 유명하지요. 지금도 남원 광한루에 가면 춘향과 이도령, 변학도의 이야기가 사실처럼 느껴진답니다. 그런데 이 춘향전의 유래가 고구려에서 비롯되었다고 해요.

지금의 일산 신도시가 자리하고 있는 고양시 고봉산 일대가 백제의 지배를 받던 때의 일이었어요. 고봉산 밑에 있는 작은 마을에 한주라는 아름다운 여인이 살고 있었습니다. 그런데 고구려의 태자가 백제에게 빼앗긴 한강 유역을 되찾기 위해 몰래 그 지역을 둘러보다가 한주를 보고 사랑에 빠졌어요.

한주 역시 늠름한 태자에게 반해 사랑을 하게 되었지요. 두 사람은 꿈같은 나날을 보냈지만, 얼마 뒤 태자는 고구려로 돌아가야만 했습니다. 태자는 한주에게 꼭 되돌아오겠다는 약속을 남기고 백제 땅을 떠났어요. 그런데 고구려에 돌아간 지 얼마 되지 않아 왕이 세상을 떠나는 바람에, 태자는 왕위에 오르게 되었어요. 그가 바로 고구려 제22대 안장왕이었어요.

안장왕은 늘 한주를 그리워했지만 그녀가 사는 백제 땅을 다시 찾아갈 수 없었어요. 한편, 백제에서는 한주의 아름다움에 반한 태수가 청혼을 했어요. 그렇지만 한주는 장래를 약속한 사람이 있다며 청혼을 거절했답니다. 화가 난 태수는 한주를 옥에 가두고 죽이려고 했지요. 첩자를 통해 이 소식을 전해 들은 안장왕은 그녀를 구해 올 장수를 물색했어요. 그러자 장수 을밀이 자원했습니다. 을밀은 왕의 여동생인 안학공주를 사모하고 있으니, 공을 세우면 공주와의 결혼을 허락해 달라고 요청했어요. 안장왕이 흔쾌히 승낙하자 을밀은 부하들과 함께 광대패로 변장한 다음, 백제로 숨어 들어갔어요.

백제의 태수는 자신의 생일잔치가 벌어지자 한주를 옥에서 끌어내 다시 청혼했지만 거절당하고 말았어요. 분노한 태수는 결국 한주를 죽이라고 명령하지요. 이때 앞마당에서 광대놀이를 하는 척하고 있던 을밀과 부하들이 무기를 꺼내 들고 태수를 공격하며 "고구려의 대군이 쳐들어왔다!"라고 외쳤습니다. 당황한 백제 태수가 우왕좌왕할 때 을밀은 한주를 구한 다음, 고봉산에 올라 봉화를 밝혔지요.

안장왕은 그 봉화를 신호로 백제를 공격해 잃어버린 고양 땅을 되찾고 한주와 재회하게 되었답니다. 이 공으로 을밀도 안학공주와 결혼하게 되었지요. 그리고 장수 을밀은 고구려에서 크게 명성을 떨쳤는데, 현재 평양의 대동강변에 있는 을밀대는 바로 그의 이름을 따서 지은 정자랍니다.

고구려에도 명의가 있었나요?

사람들은 누구나 늙지 않고 오래 살기를 원하지요. 고구려인들도 마찬가지였어요. 오회분 4호묘 벽화에는 공작새를 탄 신선이 약 단지를 들고 날아가는 장면이 있어요. 또 강서대묘의 벽화에도 영원히 늙지도 죽지도 않는 삼신산으로 날아가는 신선의 모습이 보입니다.

고구려인들은 그렇게 신선이 되기를 원했고, 오래 살 수 있는 약이나 비법을 찾으려고 노력했어요. 그렇지만 현실에서는 나이를 먹으면서 몸은 약해지고, 병이 들어 죽게 되지요. 때문에 반드시 의사들이 필요한 것이지요.

그렇다면 고구려에도 허준이나 대장금과 같은 명의들이 있었을까요? 물론이지요. 고구려의 의사로 일본에 건너가 왜왕의 주치의가 된 모치라는 명의가 있었고, 백제의 여의사 소수니는 부인병 치료에 뛰어난 능력을 발휘했다고 합니다.

특히 고구려에는 침술이 발달했는데, 안작득지라는 의사는 침으로 고치지 못하는 병이 없었다고 해요. 중국의 기록을 살펴보면, 고구려의 의사들은 한 올의 머리카락을 갈라 10여 가닥으로 만들어 그 사이에 보이는 빈틈까지 찌를 정도로 절묘한 의술을 가지고 있었다고 합니다.

온달장군의 장인 평원왕
(재위 : 559~590년)

고구려 제25대 평원왕은 울보 평강공주의 아버지로 더 잘 알려져 있습니다. 하지만 평원왕은 매우 용감하고 지혜로운 왕이었어요. 《삼국사기》에 의하면, 평원왕은 담력이 세고 말타기와 활쏘기를 잘했다고 합니다.

평원왕은 선왕들에 의해 땅에 떨어진 왕권을 강화하기 위해 힘썼어요. 그는 왕위에 있는 동안 자주 동명성왕의 사당을 참배하면서 선조들의 뜻을 되새겼어요. 고구려를 보다 위대한 나라로 만들고야 말겠다는 다짐이었지요.

그와 함께 평원왕은 평양성의 내성인 장안성을 다시 쌓아올렸습니다. 당시 고구려는 수도인 평양과 가까운 한강 유역과 함흥평야에 신라군이 자리를 잡자 더욱 튼튼한 방위 태세를 갖추어야 했어요. 그래서 35년 동안에 걸쳐 대공사를 벌인 끝에 장안성을 완성하고 586년에 도읍을 옮겼답니다. 이 장안성은 현재 평양의 중심지에 있는데, 훗날 당나라 대군의 공격도 거뜬히 막아 냈던 고구려 최대의 도성이지요.

평원왕은 공사 도중 나라에 가뭄이 들어 해충의 피해가 속출하자 잠시 공사를 중지시키고 스스로 검소한 생활을 하며 백성들의 마음을 달랬어요. 이처럼 왕이 솔선수범을 보이자 백성들도 왕을 존경하고 따랐어요.

581년, 중국에 수나라가 등장하자 평원왕은 사신을 보내 화친을 꾀하면서 그들의 움직임을 살폈습니다. 얼마 뒤 수나라는 돌궐족을 분열시키고 고구려의 영향력 아래 있던 거란족까지 복속시켰습니다. 그들은 한 발자국 한 발자국 고구려를 향해 다가오고 있었던 것이지요. 바야흐로 전쟁이 가까워져 오고 있었어요.

589년, 수나라는 동진을 멸망시키고 중국대륙을 통일하는 데 성공했습니다. 그러자 평원왕은 국가비상사태를 선포한 뒤, 군사를 정비하고 군량미를 확보하는 등 본격적인 전쟁 준비에 박차를 가했습니다. 그와 동시에 고구려의 평원왕과 수나라의 문제는 치열한 첩보전을 벌였어요.

고구려는 수나라의 최신무기 제조법을 몰래 빼냈고, 수나라 또한 수시로 사신을 보내 고구려의 지리와 내정을 염탐했습니다. 그래서 고구려에서는 수나라의 사신이 오면 한적한 곳에 머무르게 한 뒤, 엄중한 감시를 할 정도였지요.

평원왕은 이처럼 왕위에 있는 동안 언제 있을지 모르는 수나라의 침공에 대비해 긴장된 나날을 보내고 있었어요. 만일 평강공주가 없었다면 그의 생애는 너무나 쓸쓸했을 거예요.

바보 온달과 평강공주의 이야기는 너무나 많이 알려져 있지만, 아무리 많이 들어도 질리지 않는 아름다운 이야기이지요. 온달은 앞이 안 보이는 어머니를 모시고 사는 고구려의 가난한 백성이었습니다. 하지만 다 떨어진 옷차림으로 굶기를 밥 먹듯 하면서도 언제나 착하고 명랑했으므로 사람들이 그를 바보 온달이라고 불렀습니다.

한편, 평원왕에게는 귀엽고 사랑스러웠지만 눈물이 그칠 날이 없었던 울보 평강공주가 있었어요. 그래서 평원왕은 평강공주를 어르기 위해 늘 이렇게 말하곤 했습니다.

"너는 너무 잘 울어서 귀족의 아내가 되기는 힘들겠다. 크면 바보 온달에게나 시집 가거라."

이윽고 평강공주가 16세가 되자, 평원왕은 그녀를 귀족인 상부 고씨에게 시집 보내려고 했습니다. 그런데 평강공주는 정색을 하고 이렇게 말하는 것이었어요.

"아버지는 어릴 때부터 저를 온달에게 시집 보내겠다고 하셨습니다. 그래서 저는 온달의 아내가 될 것이라고 알고 있었는데, 이제 다른 사람과 혼인하라니 받아들일 수 없습니다."

"그건 너를 달래기 위한 농담이었다."

"어찌 한 나라의 군주로서 함부로 농담을 하실 수 있습니까? 저는 아버지의 말씀을 지키기 위해서라도 온달과 혼인하겠습니다."

이렇게 선언한 평강공주는 그 길로 궁궐을 나와 혼자 온달의 집을 찾아갔습니다. 이처럼 평강공주는 자신의 의지대로 삶을 개척해 나갔던 여걸이었지요. 그 일로 인해 평원왕은 화가 나서 다시는 딸을 찾지 않기로 했습니다. 평강공주가 온달의 오두막에 들어서자 온달의 어머니는 그녀의 향기를 맡고 보통 신분이 아님을 알았습니다.

"고귀한 분께서 어찌 이런 누추한 집안에 발을 들여놓으십니까?"

"아닙니다. 이제 저는 이 댁 며느리이니 어머님께서도 편하게 대해 주세요."

온달산성
충북 단양군 영춘면 하리와 백자리 사이 성산(해발 385~554m 지점)에 있는 석성으로 외벽 682m, 내벽 532m, 평균 높이는 3m이다. 신라군을 격퇴하기 위해 온달장군이 직접 쌓았다고 전해 내려온다.

　평강공주는 이렇게 온달의 어머니를 안심시킨 다음, 온달을 불러 절을 하고 혼례를 올렸습니다. 그녀는 궁에서 나올 때 가져온 금팔찌를 팔아 집을 사고 논과 밭, 소와 말 등을 샀습니다. 그리고는 밤낮을 가리지 않고 남편에게 글과 무술을 가르쳤어요. 그렇게 몇 년이 지나자 온달은 늠름한 무사로 다시 태어났답니다. 그리하여 온달은 낙랑 언덕에서 열리는 사냥대회에 나가 평원왕이 보는 앞에서 1등을 차지했습니다.

"오, 네가 바로 온달이구나."

평원왕은 나라 안에서 제일 뛰어난 무사가 바보 온달임을 알고 깜짝 놀랐어요. 그제야 그를 사위로 인정한 왕은 온달을 장수로 임명하고, 평강공주도 용서해 주었지요.

그 후 온달은 후주와 전쟁이 벌어졌을 때 선봉장으로 출전하여 큰 공을 세웠습니다. 당시 고구려는 출신보다는 인재를 중요하게 여기던 나라였으므로, 평민이었던 온달도 높은 관직에 오를 수 있었습니다. 이 모든 것이 평강공주의 노력의 결과였답니다.

590년, 평원왕의 뒤를 이어 영양왕이 왕위에 오르자, 온달은 신라에게 빼앗긴 한강 북쪽의 땅을 되찾아오겠다며 군사를 나누어 달라고 왕에게 청했습니다. 출전에 앞서 온달은 평강공주에게 이렇게 말했어요.

"조령과 죽령까지의 땅을 모두 되찾지 못한다면 결코 고구려로 돌아오지 않겠소."

그렇듯 비장한 각오를 하고 떠났건만 온달은 아단성에서 신라군과 싸우다 화살을 맞고 전사하고 말았어요. 그런데 사람들이 그를 장사 지내려고 하자, 시신을 넣어둔 관이 움직이지 않았습니다. 그 소식을 듣고 달려간 평강공주는 눈물 흘리며 관을 어루만지면서 말했어요.

"여보, 이제 죽고 사는 것이 결정되었으니 돌아갑시다."

그러자 신기하게 관이 움직였다고 합니다. 이것은 온달이 평강공주를 얼마나 사랑했는지를 보여주는 일화랍니다.

어쨌든 온달은 비천한 신분으로 나라에 공을 세우고 왕의 사위로 인정받았던 훌륭한 고구려인이었습니다. 하지만 뜻을 다 이루지 못하고 죽은 비운의 주인공이기도 했지요. 때문에 온달은 죽어서도 고구려의 영웅으로 오래도록 기억되었고, 온달이 전사한 충북 단양 지방에서는 해마다 온달 축제를 열어 그를 기리고 있답니다.

알면 재미있는 이야기

대제국 고구려의 절반은 여성의 힘

조선 시대의 여성들은 오로지 남성들의 뒷바라지를 잘하는 것을 최고의 미덕으로 삼았어요. 유교의 영향으로 인해 현모양처나 열녀만이 칭송을 받는 분위기였지요. 때문에 여성들은 바깥 생활을 못하고 대부분 집안에 갇혀 지내곤 했답니다. 그렇지만 고구려의 여성들은 그와 전혀 다른 모습이었어요. 남성 못지않게 당찬 삶을 산 여성들이 많았던 것이지요.

예를 들어 고구려를 건국한 주몽의 어머니 유화부인은 해모수와 자유롭게 사랑을 하였어요. 그러다 아버지 하백으로부터 버림받고 금와왕의 후궁이 되었지요. 유교적인 시각으로 보면 행실이 그리 곱게 보이지 않겠지요. 하지만 고구려인들은 해마다 열리는 동맹 행사에서 그녀를 부여신으로 섬겼어요. 그녀는 주몽에게 말 타는 법, 활 쏘는 법 등 나라를 세우는 데 필요한 많은 것들을 가르쳐준 지혜로운 여인이었지요. 이렇듯 유화부인을 받들었다는 사실로 미루어 보면, 고구려인들이 여성을 전혀 차별하지 않았다는 것을 알 수 있어요.

또 태조대왕의 어머니인 부여태후는 모본왕을 몰아내고 7세에 불과한 어린 아들을 왕이 되게 한 다음, 직접 고구려를 다스렸어요. 늙은 남편이 있었지만 그녀야말로 실질적인 여왕 행세를 했던 것이지요. 우씨 왕후는 또 어떤가요? 그녀는 자신이 스스로 선택한 연우에게 왕위를 전해 주고 또 다시 왕비가 되지요. 산상왕은 우씨의 눈치를 보느라 후궁조차 제대로 들이지 못했습니다.

평강공주 역시 대표적인 고구려의 여성이었지요. 그녀는 아버지의 명령도 거부하고 궁을 뛰쳐나와 자신이 선택한 평민 바보 온달과 결혼한 다음, 그를 가르쳐 장군으로 만들었잖아요. 조선 시대라면 도저히 용서받지 못할 일이었지만, 고구려인들은 그런 평강공주를 축복하고 사랑했습니다.

이런 도전정신과 진취적인 기상은 왕족뿐만이 아니었어요. 평민이었던 주통촌 처녀는 자신을 죽이려는 우씨 왕후의 부하들에게 왕자를 잉태했음을 알리며 당당하게 맞선 대단한 여성이었지요.
　고구려 여성들은 결혼이나 상속, 외출에 있어서 남성들에게 차별받지 않았어요. 자신의 재산으로 불탑을 세우기도 하고, 경제생활의 주체로서 농사도 짓고 상업을 하는 등 활발하게 활동할 수 있었지요. 고구려의 데릴사위제도인 서옥제를 보더라도, 남자들이 처가에서 오랫동안 생활한 후에야 아내와 함께 남자의 집으로 돌아올 수 있는, 지극히 여성을 배려한 결혼 풍습이랍니다. 장천 1호 고분 벽화를 보면, 여성이 좌우가 탁 트인 개방형 수레를 타고 외출하여 남자에게 말을 걸고 함께 춤추며, 악기를 연주하는 장면이 있답니다.
　고구려가 동아시아의 대국으로 우뚝 설 수 있었던 것은 그처럼 여성들이 남성 못지않게 능력을 발휘할 수 있었기 때문이에요. 어린이 여러분들도 남녀 차별 없이 서로 부족한 부분을 채워 주고 남는 부분을 나누어 고구려처럼 힘세고 부강한 나라를 만들어야 겠지요?

고구려 여인들
고구려 무덤의 벽화에 나타난
고구려 여인들의 화장하는 모습

수나라와 싸워 이긴 영양왕

⟨재위 : 590~618년⟩

590년 10월, 평원왕이 세상을 떠나자 맏아들 대원이 왕위에 올랐는데, 그가 바로 풍채가 뛰어나고 백성들을 사랑했던 제26대 영양왕이었어요.

그가 왕위에 오른 시기는 동아시아 일대가 변화의 회오리바람 속에 휩싸였을 때였습니다. 광개토대왕 이후 고구려는 몽골 초원의 유목제국, 양자강 이남의 한족 왕조, 황하 유역의 선비족이 세운 호족 왕조와 더불어서 동아시아의 4대 강국으로 번영을 누리고 있었습니다. 그런데 200년 동안 유지되던 균형이 깨지는 일이 일어났어요. 바로 수나라의 등장이었지요.

수나라의 왕이었던 문제는 양자강과 황하 유역의 북제, 진 등을 통합해 강력하고 거대한 제국을 건설했어요. 게다가 유목제국인 돌궐마저 굴복시켰지요. 그렇게 한 나라가 지나치게 강해지면, 주변국들은 자연히 위협을 느끼게 되는 법이지요. 고구려도 마찬가지였어요.

사태가 심상치 않다고 생각한 영양왕은 수나라 문제에게 조공을 바치면서 8년 동안 시간을 벌었습니다. 그 사이에 수나라와 싸울 힘을 기르려는 생각이었지요. 이윽고 말갈족과 거란족 등을 고구려 편으로 끌어들인 영양왕은, 수나라에 대한 선제공격을 감행했어요. 어차피 피할 수 없는 싸움이라면 먼저 공격하는 편이 유리하단 생각이었지요.

598년에 영양왕은 말갈족 1만 명을 동원해서 요서 지방을 공격했지만 수나라 군대의 완강한 저항 때문에 철수하고 말았어요. 그러자 수나라의 문제는 왕세적에게 30만의 대군을 주어 고구려 정벌에 나서도록 했어요.(왕세적은 훗날 고구려의 평양성을 함락시킨 이세적이랍니다. 당 고종으로부터 고구려를 멸망시킨 공으로 이씨란 성을 하사받게 된 것이지요.) 그리고 주라후에게 수군을 이끌고 황해를 건너가 평양을 치도록 했지요.

"수나라 군대가 스스로 저승길을 찾아오고 있구나."

이미 수나라의 움직임을 파악하고 있던 영양왕은 쾌재를 불렀어요. 북쪽

지방에 곧 장마가 닥친다는 걸 파악하고 있었기 때문이었지요. 과연 그의 예측대로 수나라의 대군은 산해관을 출발하여 요하에 이르기도 전에 홍수를 만났어요. 엎친 데 덮친 격으로 전염병까지 돌았지요. 그 때문에 수나라 군대는 고구려군과 싸워 보기도 전에 수많은 병사들을 잃었습니다.

바다에서도 사정은 그리 다르지 않았습니다. 또 산동반도에서 출발한 주라후의 수군은 바다 한가운데서 폭풍우를 만나, 대부분 바다에 빠져 죽고 말았어요. 고구려로서는 손도 대지 않고 코를 푼 격이었지요. 이로 인해 군대의 대부분을 잃은 수나라 문제는 더 이상 고구려를 공격할 힘을 잃고 철수하고 말았어요.

위기를 넘긴 영양왕은 즉위 11년인 600년이 되자 태학박사 이문진을 시켜 옛 역사를 정리한 《신집》 5권을 만들게 했어요. 백성들로 하여금 나라에 대한 자부심을 갖게 하고 왕권을 강화하려는 뜻이었지요. 그와 함께 장군 고승을 시켜 신라에게 빼앗긴 한강유역을 공략했지만, 완강한 신라군의 저항으로 인해 수포로 돌아가고 말았습니다.

604년, 수나라에서 커다란 사건이 발생했어요. 그 당시 수나라의 왕이었던 문제가 둘째 아들 양광에게 살해되고 만 것입니다. 양광은 자신을 괄시했던 아버지 문제는 물론이고 태자였던 형 양용까지 쫓아낸 다음, 스스로 수나라의 황제가 되었는데, 그가 바로 수 양제입니다.

수 양제는 예전에 수나라가 동진을 멸망시키는 데 혁혁한 공을 세운 인물로, 매우 사납고 호전적이었습니다. 양제는 천하의 주인이 되기를 꿈꾸며 2백만 명의 백성을 동원하여 중국 대륙을 남북으로 잇는 대운하를 건설했어요. 또 거대한 궁궐을 짓고 만리장성을 보수했습니다. 이 모든 것이 고구려를 목표로 한 것이었어요. 고구려만 정복하면 천하가 자신의 무릎 아래 놓일 것이라고 생각했으니까요.

612년, 수나라 양제는 드디어 113만 3천 8백 명이라는 대군을 동원하여 고구려를 공격해 왔어요. 영양왕은 급히 1만 명의 군대를 동원하여 요하에서 막아 보려 했지만 엄청난 기세로 몰려온 수나라군을 당해 낼 수가 없었어요. 수나라 군대는 파죽지세로 요동성에까지 진격해 들어왔지요.

이윽고 요동성은 수나라의 대군에게 겹겹이 포위당하는 신세가 되었습니다. 그렇지만 요동성의 백성들은 군대와 한 마음 한 뜻으로 뭉쳐 싸웠어요. 더군다나 당시 요동성은 천혜의 요새로 이름이 높았습니다.

수 양제는 직접 군대를 지휘하면서 날마다 무서운 공격을 퍼부었지만 요동성은 어림도 없었지요. 무려 두 달이 지나도록 성을 함락시키지 못하자 수 양제는 화가 나서 수나라 장수들을 독촉했어요.

"저 작은 성 하나를 공략하지 못한다는 것은 나를 능멸하는 것이나 다름이 없다. 목숨을 걸고 공격하지 않는다면 너희들부터 내가 죽이겠다."

이와 같은 으름장에 기겁을 한 수나라 장수들이 온갖 책략을 동원하며 다시 요동성에 달려들었지만 아무 소용이 없었습니다. 그 사이 내호아가 지휘하는 수나라의 수군이 황해를 건너 대동강에 다다른 다음 평양성으로 진격해 들어왔습니다.

이때 왕제 건무가 이끄는 고구려 수군은 정면대결을 피하고 복병을 동원해 기습전을 펼쳤어요. 날랜 고구려 군대가 동에서 번쩍, 서에서 번쩍하면서 괴롭히니 수나라 수군은 견딜 재간이 없었답니다. 거듭되는 패배에 화가 머리끝까지 치민 수 양제는 우문술, 우중문 등에게 정예병 30만 5천 명을 주어 곧장 고구려 수도인 장안성으로 쳐들어가도록 했어요.

급보를 받은 영양왕은 명장 을지문덕을 평양 방어 총사령관으로 임명해서 수나라의 대군과 맞서 싸우도록 했어요. 을지문덕은 적이 오랜 원정과 식량부족으로 지쳐 있다는 사실을 알고 있었지요. 그래서 자주 싸움을 걸어 적이 쉬지 못하게 했어요. 그와 함께 수나라 군대가 진격해 오는 길목에는 식량을 한 톨도 얻지 못하게 들판을 불태워 버리는 견벽청야 전술을 폈습니다. 고구려 군대의 전통적인 싸움 방법이었지요.

이런 을지문덕의 계책은 보기 좋게 맞아떨어졌어요. 계속된 승리에 우쭐해진 수나라 군은, 쉬지 않고 진격해서 마침내 살수를 건너 평양성 30리 밖까지 밀고 들어왔어요. 하지만 뒤늦게 그들은 자신들의 실수를 깨달았습니다. 이미 식량이 떨어져 병사들은 굶주림에 시달리고 밤이 되면 언제 고구려군이 기습해 올지 몰라 잠도 제대로 자지 못했으니까요.

적장인 우중문은 공격을 하자니 패할 것이 두려웠고, 물러나자니 수 양제의 부릅뜬 두 눈이 떠올라 이러지도 저러지도 못하고 있었어요. 그러자 을지문덕은 우중문을 칭송하는 시 한 수를 보내 그를 놀려 주었습니다.

신묘한 그대의 전략은 천문지리에 통달했도다.
싸움마다 이겨 공이 높으니 이제 그만둠이 어떠한가.

그리고 을지문덕은 수나라 진영에 사자를 보내 만일 수나라 군대가 철군한다면, 고구려왕과 함께 수 양제를 찾아가 항복하겠다는 뜻을 전했습

니다. 우중문은 그것이 거짓인 줄 알면서도 울며 겨자먹기로 철군을 개시했지요. 그러자 을지문덕은 기회가 왔음을 알고 총공격 명령을 내렸어요.

"우리 고구려 땅을 더럽힌 수나라 군대를 전멸시킬 때가 되었다. 공격하라!"

고구려군은 군대를 총동원해 철수하는 수나라 군대를 맹렬히 추격했어요. 지친 수나라군은 제대로 싸워 보지도 못하고 도망치기에 바빴습니다. 이윽고 허둥지둥 살수를 건너던 수나라 군대에 엄청난 물벼락이 떨어졌어요. 고구려군이 미리 강 상류에 쌓아 두었던 둑을 터뜨려 버린 것이었지요.

노도와 같은 물줄기가 강 한가운데 있던 수나라 군대를 덮쳤습니다. 그리하여 수십만 명의 수나라 병사들이 일시에 전멸하고 말았지요. 겨우 살아남은 병사들도 뒤쫓아 온 고구려군에 의해 추풍낙엽처럼 쓰러졌습니다.

그 결과, 출발할 때 30만 5천 명이던 군대가 요동에 이르러 헤아려 보니 겨우 2천 7백 명뿐이었어요. 이것이 바로 유명한 을지문덕 장군의 살수대첩이랍니다.

　우중문 부대의 전멸 소식을 전해 들은 내호아의 수군은 혼비백산하여 대동강 입구에서 배를 타고 도망쳤어요. 이처럼 고구려와의 전쟁에서 무참히 패배한 뒤, 수나라에서는 이런 노래가 유행했다고 합니다.

긴 창은 하늘을 덮고 칼과 전차는 햇빛에 번쩍이네.
산 위에서는 사슴과 노루를 잡지만 산 아래에선 소와 양을 잡는다네.
문득 들으니 관군이 왔다는데 창검으로 고구려를 친다 하네.
하지만 요동에 가면 오직 죽음뿐, 온몸이 찔리고 머리가 잘릴 것을.

이와 같은 참패에도 불구하고 수 양제의 고구려 정복 욕심은 시들지 않았어요. 그래서 이듬해에도 수 양제는 군사를 이끌고 요동성을 공격했지요. 그렇지만 예부상서 양현감의 반란 소식을 듣고 군대를 돌려야 했지요. 허둥지둥 본국으로 돌아가서 반란군을 토벌한 수 양제는 614년, 또다시 고구려 정벌을 시도합니다. 정말 대단한 싸움꾼이지요. 그렇지만 운명은 이미 수 양제의 편이 아니었습니다.

잦은 전쟁에 지친 수나라 백성들의 반란과 민중봉기가 줄을 이었던 것입니다. 수 양제는 이제 천하를 얻기는커녕, 자신의 백성들에게 쫓기는 처지가 되고 만 것이지요. 결국 그는 618년, 자신의 근거지였던 강릉 땅에서 우문술의 아들에게 살해되고 맙니다.

그 뒤, 당 고조 이연과 당 태종 이세민이 이끄는 반란군은 장안을 점령하고 수 양제의 아들에게 옥새를 넘겨받아 당나라를 건국하게 되지요. 그리고 그 해 9월, 수 양제와 치열하게 싸웠던 고구려의 영양왕도 세상을 떠났어요.

을지문덕의 살수대첩
을지문덕의 전술에 말려든 수나라 군사가 퇴각을 하자 고구려군이 공격을 시작하여, 살수(청천강)에서 수나라군을 거의 전멸시켰다. 30만의 별동부대 군사 중 살아서 돌아간 병사가 2,700명이었다고 전해진다.

영양왕의 시대, 수나라와 고구려의 싸움은 두 나라의 백성들을 모두 피폐하게 했어요. 그렇지만 고구려인들은 외세의 침략에 결코 굴복하지 않는 강인한 정신력을 보여 주었지요. 요동성 싸움에서 보여준 고구려인들의 기개는 정말 대단했습니다. 또 살수대첩도 을지문덕 장군 한 사람의 공이 아니라 고구려인 전체가 일치단결해서 거둔 역사적인 승리였답니다.

훗날 조선을 세우는 데 큰 공을 세웠던 조준이란 사람은, 청천강이 내려다보이는 누각에서 명나라 사신 축맹과 술을 마시다 그가 거들먹거리는 꼴을 보고 분개하며 다음과 같은 시를 지었다고 합니다.

출렁이며 흐르는 저 푸른 살수에, 수나라 백만 대군 장사 지냈지.
낚시꾼 나무꾼들 신나서 하는 말이, 그까짓 대국 놈들 별 것 아니로구나!

이처럼 을지문덕 장군을 필두로 한 고구려인들이 그 옛날 명나라의 조상인 수나라의 백만 대군을 물리친 살수대첩은, 훗날 조선 시대까지 전해져 내려왔습니다. 때문에 조선의 백성들은 고구려의 영양왕과 을지문덕에게 제사를 지내며 그들의 영웅적인 승리를 되새겼다고 합니다.

알면 재미있는 이야기

고구려인들은 어떻게 농사를 지었을까요?

옛날에는 농사를 얼마나 짓고 수확을 얼마나 하느냐가 한 나라의 국력을 좌우했답니다. 그래서 백성들이 농사를 잘 지을 수 있도록 돕는 것이 왕의 중요한 임무이기도 했습니다. 고구려도 마찬가지였지요. 고구려는 광활한 영토를 가지고 있었으므로 목축과 수렵을 주로 행했을 것이라 생각되지만 역시 제일 중요한 산업은 농업이었어요.

고구려는 처음에는 농사짓기에 좋은 넓은 땅이 없었지만 힘을 키운 다음에는 요동 지역과 한반도 서북부, 만주 등의 좋은 땅을 모두 차지할 수 있었어요. 하지만 땅만 있다고 해서 금방 농사를 잘 지을 수 있는 것은 아니지요. 농사짓는 방법도 개발해야 하고 무엇보다 농부들이 많이 필요했어요. 그래서 고구려는 다른 민족들도 적극적으로 받아들였어요. 세금을 낮춰 주고 땅도 나누어 주었지요. 그 때문에 많은 외국인들이 고구려 땅에 들어와 살았답니다.

고구려인들은 일찍부터 소를 이용해 농사를 지었어요. 조선 시대에는 소가 부족해서 소를 함부로 잡아먹지 못하도록 법으로 단속을 했고, 수레를 끌 소가 적은 탓에 가마를 타고 다녔지만, 고구려에는 소가 무척 많았습니다. 특히 광개토대왕은 395년, 거란을 정복하면서 엄청난 양의 소와 말을 끌고 왔지요. 소가 농사에 매우 유용하다는 것을 잘 알고 있었기 때문이에요. 그리하여 고구려의 농민들은 소를 이용해 더 넓은 땅을 일굴 수 있었지요.

소가 끄는 보습은 밭을 깊게, 또 많이 갈 수 있어서 작물의 생산도 많이 늘어났어요. 또 황무지를 쉽게 개간했고, 물길도 쉽게 뚫었지요. 기록에 의하면 신라는 502년에, 그리고 백제도 6세기에 접어들어서야 소를 농업에 활용했지만, 고구려는 이보다 앞선 2~3세기경에 소를 농업에 이용했다 하니 놀라운 일입니다. 소가 끄는 보습은 보통 10kg이 넘었고, 길이도 40~80cm나 됩니다. 고구려엔는 이런 보습을 많이 만들 수 있을 만큼 철이 풍부했어요.

이렇듯 소를 이용한 농업의 발달로 식량이 풍부해지자 고구려 말기에는 요동성에 50만 석이라는 엄청난 식량을 저장할 수 있었어요. 인근의 개모성이나 백암성에도 많은 식량이 저축되어 오랫동안 전쟁을 치를 수 있는 힘을 갖게 된 것이지요.

그러고도 남은 식량은 외국에 내다 팔 수 있게 되었어요. 이것은 상업의 발달과 국제 무역의 발달로 이어졌어요. 그렇게 부유해진 고구려는 성도 튼튼하게 쌓고, 화려한 문화생활을 즐길 수 있었어요. 또 이웃 유목민족에게 평소 식량을 공급해 주고, 전쟁이 벌어지면 그들을 용병으로 활용했어요.

고구려가 대제국을 유지하고 발전시킬 수 있었던 힘은 이렇듯 농업의 발달에 힘입은 바가 큽니다. 오회분 4호묘와 5호묘 고분 벽화에는 벼 이삭을 들고 있는 소의 얼굴을 한 신이 그려져 있는데, 바로 농사의 신이랍니다. 이 그림을 통해 소가 고구려의 농업에서 얼마나 중요했었는지 알 수 있답니다.

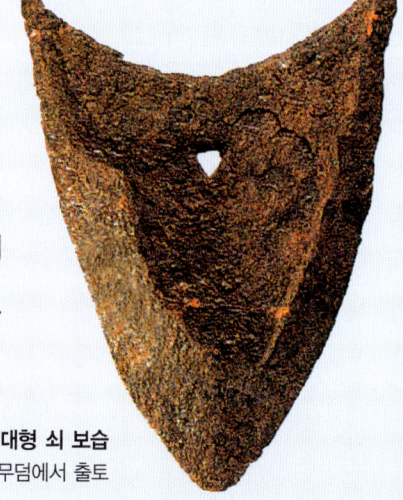

대형 쇠 보습
평양시 상원 2호 무덤에서 출토

알면 재미있는 이야기 *173*

사슴발 부인의 전설

고구려에 사슴의 발 모양과 똑같은 발을 가진 부인이 살고 있었어요. 그 부인은 여러 쌍둥이를 낳아 길렀는데, 아이들의 발도 어머니의 발과 똑같이 생겼답니다. 그런데 어느 날, 한 도사가 아이들을 보고 이렇게 말했어요.

"이 아이들이 오래 살게 하려면 강물에 띄워 보내시오. 그렇지 않으면 어른이 되기 전에 모두 죽을 것입니다."

사슴발 부인은 매우 슬펐지만, 하는 수 없이 아이들을 나무통에 넣어 강물에 띄워 보냈답니다. 그런데 그 나무통이 바다로 떠내려가 수나라 해안에 도착하게 되었고, 아이들은 거기서 자라나 모두 장군이 되었어요. 그리고 수 양제가 고구려를 공격할 때 이들도 고구려에 왔습니다.

이때 고구려에서는 적장 가운데 사슴발을 가진 형제 장수들이 있다는 소문이 돌았어요. 사슴발 부인은 그들이 자신의 아들들일 것이라 생각하고, 을지문덕 장군을 찾아가서 사연을 말했습니다.

"제 아이들을 찾으면 장군께 데려오겠습니다. 저를 수나라 진영으로 보내 주십시오."

을지문덕이 허락하자 사슴발 부인은 몰래 적진에 들어가 사슴발 장수들을 만났습니다.

"나는 너희들의 어머니란다. 너희들이 어머니의 나라를 공격하는 것은 옳지 못한 일이다. 자, 내 발을 보아라"

하지만 그들은 자신들과 똑같은 그녀의 발을 보고서도 쉽게 믿지 않았습니다. 그러자 사슴발 부인이 가슴을 헤치고 젖을 짜니, 젖줄기가 여러 가닥으로 뿜어져 장수들의 입으로 흘러들어갔어요. 그제야 어머니를 알아본 장수들은 투구를 벗고 용서를 빌면서 고구려에 투항했습니다. 을지문덕은 그들과 함께 힘을 합쳐 수나라 군대를 물리쳤습니다. 이 전설은 군인뿐만 아니라 고구려의 일반 백성들도 합심하여 수나라와 싸웠다는 것을 보여주고 있답니다.

금당벽화를 그린 담징

　담징은 고구려의 승려였는데 학문과 그림 솜씨가 뛰어났어요. 그래서 일본의 초청으로 610년에 백제를 거쳐 일본으로 건너가 종이와 먹의 제조법 등을 전했어요. 또 호류사라는 절에 머물며 불법과 학문을 가르쳤습니다. 당시 고구려는 수나라와 전쟁을 치르고 있던 중이었지요. 얼마 후, 담징은 고구려가 승리했다는 소식을 듣고 감사와 기쁨의 마음으로 호류사의 금당에 《사불정토도》라는 벽화를 그렸습니다.

　사람들에게 금당벽화로 더 잘 알려진 이 그림은 경주의 석굴암, 중국의 원강석불과 함께 동양의 3대 미술품으로 유명했지만, 1948년에 아쉽게도 불타 없어져 버렸어요. 그렇지만 담징은 지금도 일본에서 종이와 먹의 시조로서 존경을 받고 있답니다.

사불정토도가 있던 일본의 호류사

담징이 금당에 그린 사불정토도의 일부

알면 재미있는 이야기　175

연개소문의 허수아비 보장왕

(재위 : 642~668년)

영양왕이 세상을 떠나자 이복동생인 건무가 즉위했는데, 그가 고구려 제27대 영류왕입니다. 영류왕은 수나라와의 전쟁으로 피폐해진 고구려의 국력을 되살리고 중국 대륙의 새로운 지배자인 당나라와 안정된 관계를 가지고자 했어요. 또 남쪽의 신라와 백제, 북쪽의 돌궐, 동쪽의 거란족을 상대해야 했지요.

영류왕은 즉위 초기에 당나라와 가깝게 지내기 위해 전력을 쏟았지만 당나라의 새로운 지도자 이연과 이세민은 수나라의 경험을 잊지 않고 있었지요. 때문에 장차 고구려를 정복하기 위해 첩자를 보내면서 고구려를 면밀하게 살피고 있었답니다.

이런 당나라의 움직임을 잘 알고 있던 영류왕은 그들을 달래기 위해 매년 당나라에 사신을 파견하고 조공을 바쳤습니다. 그 결과, 수나라와의 전쟁 때 잡혀간 고구려 포로들을 데려올 수 있었어요. 또 고구려의 젊은이들을 당나라로 보내 중국의 선진 문화와 기술을 배워 오도록 하기도 했습니다. 하지만 이런 평화는 언제 깨질지 모르는 것이었지요.

영류왕이 이렇듯 당나라를 달래고 있는 사이에 신라는 김유신 장군으로 하여금 고구려의 국경을 치게 했어요. 또한 당나라에 사신을 보내 고구려가 당나라로 가는 길을 막고 있으니 도와달라고 청했습니다.

641년, 당 태종은 고구려에 사신을 빙자한 첩자를 보내 내정을 살피고 군대의 배치 상황 등의 정보를 파악했습니다. 그런 다음, 침략의 본색을 노골적으로 드러내는 선언을 하게 됩니다.

"고구려는 본래 한사군의 땅이다. 내가 군사를 내어 요동을 치면 그들은 반드시 국력을 기울여 막을 것이다. 그때 따로 수군을 동원하면 산동반도에서 바다를 건너 평양으로 향하게 하여 수륙 양군이 합세하면 승산이 있다. 하지만 지금은 산동의 백성들이 피폐해 있으니 때가 아니다."

이렇듯 당나라가 언제 쳐들어올지 모르는 사이에 고구려에서는 대정변이 일어났어요. 642년, 연개소문이 고구려 역사의 전면에 드러난 사건이었지요. 야심가로서 천리장성을 쌓는 일에 책임을 맡고 있던 연개소문은 귀족들이 합세하여 자신을 암살하려 한다는 사실을 알게 되었어요.

"내가 살기 위해서는 선수를 치는 수밖에 없겠어."

이렇게 생각한 연개소문은 잔치를 벌여 나라 안의 귀족들을 모두 초청한 다음, 그들이 방심한 사이에 군대를 동원해 180명이나 되는 귀족들을 몰살시켜 버렸어요. 그리고 영류왕까지 죽이고 말았답니다. 그런 다음, 왕의 조카인 보장을 왕으로 옹립하고, 스스로 대막리지가 되어 독재정치를 시작했어요.

이와 같은 고구려의 변화는 즉각 주변국들에게 알려졌습니다. 그 당시 백제 의자왕의 맹공으로 대야성을 비롯한 수십 개의 성을 빼앗겼던 신라

는 김춘추를 고구려에 파견하여 도움을 요청했어요.

그러자 연개소문은 도리어 김춘추에게 진흥왕 시절에 빼앗아간 한강 유역을 내놓으라고 협박하고 나섰지요. 그렇게 목숨을 위협받다가 간신히 고구려를 빠져나온 김춘추는, 당나라로 건너가 구원을 요청했습니다. 이렇게 해서 고구려, 백제의 연합세력과 당나라, 신라의 연합세력이 대결양상을 띠게 되었지요.

이런 국제 정세로 인해 고구려와 당나라는 결국 충돌할 수밖에 없었어요. 고구려가 당나라와 치른 전쟁은 우리 역사상 가장 큰 전쟁이었습니다. 당나라는 당시 세계 최강의 나라였고, 고구려 또한 강적 수나라를 물리친 자부심 강한 나라였습니다. 그리하여 두 나라의 대결은 30년 동안이나 이어지게 되었지요.

두 나라간에 긴장이 극도에 달한 644년, 연개소문은 먼저 군사를 보내 당나라의 전진 기지를 공격했습니다. 그와 함께 요동 지역의 여러 성들을 보다 튼튼히 수리했어요.

645년, 드디어 당 태종 이세민은 직접 대군을 이끌고 고구려를 공격해 왔어요. 전쟁 초기에 당나라 대군의 공격을 받자 개모성과 비사성, 요동성, 백암성 등 고구려의 여러 성들이 의외로 손쉽게 함락되고 말았습니다.

특히 요동성은 수나라의 백만 대군도 함락시키지 못한 난공불락의 성이었기에 고구려의 충격은 더욱 컸어요. 하지만 고구려의 반격도 만만치 않았지요. 고구려는 국내성과 오골성 등 후방에 있는 성에서 많은 군사를 모아 당나라 군대가 고구려 깊숙이 진격하는 것을 막았습니다. 그리고 요동 지역에서 고구려 안쪽인 압록강 일대로 진격하기 위해 반드시 넘어야 할

천산산맥을 당나라군이 끝내 넘지 못하게 했어요.

고구려군은 신성과 건안성에서도 당나라군을 거듭 격파했어요. 또 요동반도 남단의 비사성을 함락시킨 당나라 수군이 압록강 방면으로 공격해 오자 고구려 수군이 거뜬히 막아 냈어요. 군량 보급을 책임지고 있는 수군의 길이 막히자, 당나라 군대는 육지로도 함부로 진격해 오지 못했지요.

당 태종이 직접 지휘하고 있던 당나라의 본진은 충분한 식량과 공격 기지를 차지하기 위해 안시성을 줄기차게 공격해 왔습니다. 이때 연개소문은 15만 명의 대군을 보내 당나라군을 치도록 했어요. 그런데 선봉장이었던 고연수와 고혜진이 첫 전투의 승리에 자만해, 적진 깊숙이 들어갔다가 도리어 패배하고 포로가 되었어요. 하지만 고구려의 군대는 차근차근 당나라 군대를 포위하기 시작했습니다.

이후 요동성 북쪽의 신성과 안시성 남쪽의 건안성, 그리고 뒤쪽의 요하 등 사방으로 당나라군을 압박해 들어갔습니다. 그러면서 고구려군은 당나라군의 군량 보급을 차단하면서 지치기만을 기다렸지요. 다급해진 당나라는, 안시성 공격에 매달렸지만 안시성의 군대와 백성들은 일치단결하여 당나라군의 공격을 막아냈어요.

결국 고구려의 작전에 말려 식량이 부족해진 당나라는, 9월 18일에 서둘러 철군을 시작했습니다. 하지만 고구려군의 포위로 인해 편안한 길로 가지 못하고, 늪지대인 요택으로 돌아갈 수밖에 없었습니다. 이곳에서 당나라군은 수만 명의 군사와 소와 말의 대부분을 잃었어요. 당 태종도 요택에서 병이 들어 겨우 목숨만 건진 채 도망치는 신세가 되었지요.

이렇게 해서 당나라의 1차 침공은 실패로 돌아가고 말았어요. 고구려는 수나라에 이어 당나라까지도 물리친 대단한 성과를 거둔 것이었어요. 하지만 당 태종은 자신들의 패배를 인정하지 않았어요. 그래서 647년과 648년에도 대군을 동원해 공격해 왔지만, 또 다시 패배의 쓴잔을 마시고 물러가고 말았지요. 당 태종은 너무나 억울하고 분했지만 고구려의 힘을 인정하지 않을 수 없었어요. 그래서 649년, 세상을 떠나면서 태자에게 이렇게 유언했답니다.

"앞으로는 절대로 요동정벌을 하지 말라."

이렇게 해서 당나라에 대한 근심이 사라지게 되자 연개소문은 남쪽의 화근을 제거하기 위해 칼을 뽑아 들었어요. 그의 지휘에 따라 고구려군은 백제와 함께 신라를 공격하여 33개의 성을 함락시키는 전과를 올립니다. 고구려군의 기세가 너무 맹렬하자 자칫하면 나라가 멸망할 것을 두려워한 신라는, 당나라에 구원을 요청했어요.

태종의 뒤를 이어서 왕위에 오른 당 고종은, 영주도독 정명진과 소정방에게 군사를 주어 고구려를 공격케 했고, 658년부터는 설인귀와 함께 요동을 침입해 왔습니다. 고종이 아버지의 유언을 무시했던 것이지요. 이것은 고구려에게는 불행한 일이었어요.

연개소문과 설인귀
1967년 중국 상하이 부근 명나라 무덤에서 발견된 고서에 실린 연개소문과 설인귀의 전투 장면. 칼을 든 사람이 연개소문, 활을 쏘는 사람이 설인귀이며 뒤에서 지켜보는 사람은 당 태종이다.

연개소문과 고구려 군의 전투 장면

연개소문의 허수아비 보장왕

 북쪽이 어지러워지자 연개소문은 아쉬웠지만 신라 정벌을 단념할 수밖에 없었지요.

 660년 5월, 당나라는 소정방을 총사령관으로 하여 13만의 대군을 동원하여 백제 정벌을 단행했어요. 그리하여 김유신이 이끄는 나당 연합군은 계백장군의 오천 결사대를 황산벌에서 격파하고, 소정방이 백마강을 넘어 부여를 함락시킴으로써 백제를 멸망시키는 데 성공했어요. 이렇게 되자 고구려는 북쪽과 남쪽에서 동시에 적을 맞이하게 되었답니다. 661년 9월, 당나라군은 압록강에 포진하고 있던 고구려군의 방어망을 뚫고 평양성을 공격했지만, 실패하고 돌아갔어요.

662년에는 소정방과 방효태가 백만 대군을 이끌고 총공격을 해 왔습니다. 그러자 연개소문은 사수에서 교묘한 작전을 써서 이들을 포위해 버렸어요. 그리고 서하의 맹장으로 이름 높던 적장 방효태는 물론, 그의 13명의 아들까지 목을 베고 당나라군을 전멸시키는 대승을 거두었답니다. 이렇듯 당나라는 연개소문이라는 영웅이 버티고 있는 한, 고구려 땅을 한 치도 밟을 수 없었지요.

하지만 영웅도 세월은 거스를 수는 없는 법이지요. 665년, 연개소문이 병으로 세상을 떠났습니다. 연개소문이 죽자 고구려에서는 그의 세 아들 사이에 권력 다툼이 벌어졌어요. 그리하여 남산에 의해 축출당한 맏아들 남생이 동생 남건과 당나라에 투항하게 되었습니다. 또 연개소문의 아우 연정토가 남쪽 땅 12개 성을 들고 신라에 투항했지요.

고구려가 멸망한 것은 이처럼 분별없는 권력자들의 내분 탓이었습니다. 고구려를 정벌할 기회가 왔음을 안 당나라의 고조는, 이세적에게 대군을 주어 공격을 단행해 단숨에 평양성을 함락시켰습니다. 영광스런 제국의 비극적인 최후였지요. 이때가 보장왕 29년, 688년 9월 21일이었어요.

알면 재미있는 이야기

김춘추의 고구려 탈출사건에서 비롯된 《별주부전》

642년 겨울, 신라의 김춘추는 고구려에 사신으로 갔어요. 그는 백제가 계속해서 신라를 공격하고 있으니 도와 달라고 했지요. 그런데 연개소문은 먼저 신라가 고구려에서 빼앗아 간 조령과 죽령 이북의 땅을 내놓으라고 하는 것이었어요. 땅을 돌려주지 않으면 김춘추를 신라로 돌려보내지 않겠다고 엄포를 놓았지요. 자칫하면 자신의 목숨마저 위태롭게 된 김춘추는, 고구려의 대신 선도해에게 뇌물을 주며 목숨을 살려 달라고 애원했어요. 그러자 선도해는 김춘추에게 다음과 같은 이야기를 들려 주었습니다.

동해용왕이 병이 들었는데, 토끼의 간을 먹으면 낫는다는 말을 듣고, 거북이를 육지로 보냈어요. 거북이는 용궁 구경을 시켜 주겠다며 토끼를 용궁으로 데려갔어요. 그런데 도중에 거북이는 용왕의 병에 토끼의 간이 필요하다고 말했지요. 그러자 토끼는 겁에 질렸지만 침착하게 대답합니다.
"나는 하루에 한 번씩 간을 꺼내어 씻어 넣는데, 지금 공교롭게도 간을 꺼내 두고 왔으니 다시 돌아가서 가지고 와야겠다."
그 말에 속아 넘어간 거북이가 토끼를 육지에 데려다 주자 토끼는 도망치며 이렇게 소리쳤지요.
"어리석은 거북아, 어찌 간도 없이 살 수 있는 자가 있겠느냐!"

김춘추는 이 이야기의 숨은 뜻을 깨닫고, 연개소문에게 신라가 빼앗아 간 땅을 돌려 주겠다는 약속을 한 다음, 겨우 고구려를 빠져나올 수 있었어요. 그리고는 토끼가 그랬던 것처럼 땅을 돌려

주지 않았지요. 이 일로 고구려와 신라는 더욱 앙숙이 되고 말았답니다. 여기에서 선도해가 들려준 이야기가 바로 《별주부전》이었답니다.

🔴 몽롱탑의 전설

몽롱탑은 중국의 염성시 신장향 사양하와 서당하가 합쳐지는 곳에 있는 삼층탑이랍니다. 높이는 16.7m이고, 팔각형 누각형식으로 되어 있으며 탑 안의 석함에 사리가 들어 있지요. 다른 탑과 별로 다를 것이 없어 보이는 이 탑에는 당 태종과 연개소문의 전설이 전해지고 있답니다.

당 태종 이세민이 왕위에 오르기 전, 군대를 거느리고 염성 일대에 진을 치고 있는 고구려군을 염탐하러 갔던 일이 있습니다. 그런데 마침 진영을 순찰하고 있던 연개소문에게 들키고 말았어요. 연개소문이 칼을 휘두르며 쫓아오자 이세민은 급히 도망치다 말이 길을 잘 못 드는 바람에, 그만 진흙밭에 빠지고 말았어요.

이세민은 말에서 뛰어내려 정신없이 도망치다가 문득 마른 우물을 발견하고, 재빨리 우물 속으로 뛰어들어 몸을 숨겼습니다. 뒤쫓아온 연개소문이 우물을 살펴보니, 우물 안에는 가지런한 거미줄이 걸려 있어 사람이 있을 것 같지 않았지요. 그래서 연개소문은 그냥 돌아갔고 이세민은 겨우 목숨을 건질 수 있었어요. 훗날 이세민이 왕위에 오른 뒤, 거미줄이 목숨을 살려준 은공을 잊지 못해 우물이 있던 자리에 탑을 세우고 하늘에 감사했다고 합니다.

고구려 부흥운동과 발해의 건국

688년, 당나라와 신라의 연합군에 의해 고구려는 멸망하고 말았어요. 그런데 정말로 고구려는 역사 속에서 완전히 사라져 버린 것일까요?

당시 고구려인들 가운데 일부는 당나라에 끌려갔고, 일부는 신라인이 되었어요. 또 어떤 사람들은 돌궐과 일본으로 몸을 피했지요. 하지만 고구려의 옛 땅에는 수많은 사람들이 살아남아 멸망한 고구려를 되살리려 애썼습니다.

평양성이 무너진 뒤에도 신성과 요동성, 안시성, 북부여 성 등 고구려의 많은 성들은 아직 나당 연합군에게 항복하지 않았습니다. 때문에 고구려인들은 이 성들을 중심으로 고구려 부흥운동을 시작했어요. 그때까지 고구려의 땅에 당나라 군대의 힘이 전부 미치지 못했기 때문에 가능한 일이었어요.

669년까지 압록강 이북에서 항복하지 않은 성이 11개나 되었고, 성주가 성을 버리고 도망친 곳도 7개나 되었어요. 당나라군이 공격해서 빼앗은 성은 겨우 3개에 불과했답니다. 항복한 성 역시 11개뿐이었지요. 당나라는 고구려 전역에서 반 정도의 성만을 차지했던 것이지요.

그 당시 당나라는 고구려의 드넓은 영토를 제대로 지배할 힘이 없었어요. 단지 자신들을 위협하는 막강한 세력을 없앤 것에 만족할 뿐이었지요. 물론 당나라로서는 고구려 전체를 통치하고 싶었겠지만 뒤이어 불어닥칠 고구려인들의 완강한 투쟁을 이겨낼 자신이 없었답니다.

때문에 당나라군은 고구려의 동쪽 땅으로는 전혀 나아가지 못했고, 요동의 평야 일부를 지배할 수 있었지요. 고구려인들은 당나라군을 몰아내기 위해 적이었던 신라와도 손을 잡았습니다. 피는 물보다 진한 법, 어제까지는 죽일 듯이 싸웠지만 그래도 한겨레였으니까요.

670년 3월, 고연무가 이끄는 1만 명의 고구려 부흥군은 설오유가 이끄는 1만 명의 신라군과 연합해 압록강 건너 옥골에서 당나라군을 크게 쳐부수었어요. 또 검모잠은 보장왕의 서자인 안승을 고구려 부흥군의 왕으로 삼고, 황해도 지역을 중심으로 큰 세력을 떨쳤습니다.

그러자 당나라는 즉시 대군을 파견하여 고구려 부흥군을 공격했어요. 그런 가운데 고구려 부흥군 내부에서 내분이 일어났어요. 그래서 안승이 검모잠을 죽이고 신라에 투항하는 사건이 벌어졌습니다. 그로 인해 고구려 부흥군의 세력은 점차 약화되었어요.

그 결과, 672년의 백수성 전투와 674년의 호로하 전투 등에서 당나라군과 맞붙었던 고구려 부흥군은 패배의 쓴 잔을 마실 수밖에 없었어요. 하지만 이런 고구려인들의 강력한 투쟁은 분명 효과가 있었어요. 당나라는 더 이상 고구려의 옛 땅을 장악하지 못하고 평양 지역에만 안동도호부를 두어 요동지역만 다스리게 되었으니까요.

또 고구려인들을 달래기 위해, 볼모로 잡아갔던 고구려의 마지막 임금인 보장왕을 요동주 도독 겸 조선왕으로 삼았어요. 하지만 보장왕은 당나라의 꼭두각시가 되고 싶지 않았어요. 그래서 4년 동안에 걸쳐 은밀히 힘을 모아 다시 고구려를 일으키려 했지요. 하지만 아쉽게도 이 계획은 681년, 당나라에게 발각되어 수포로 돌아가고 말았답니다.

이런 거듭된 실패에도 불구하고 고구려를 되살리려는 노력은 끈질기게 계속되었습니다. 698년, 당나라에 끌려갔던 고구려인들이 탈출해 고구려의 옛 땅으로 되돌아왔습니다. 그들의 지도자였던 대조영은 뿔뿔이 흩어졌던 고구려 백성들을 모아 고구려의 뒤를 잇는 발해를 건국할 수 있었지요.

이후 발해의 왕들은 스스로 고구려왕이라고 칭했고, 나라를 강성하게 만들어 잃어버린 고구려의 영토를 대부분 회복할 수 있었어요. 고주몽이 세웠고 광개토대왕이 발전시킨 대고구려는 멸망했지만, 끈질긴 고구려의 혼은 발해란 이름으로 다시 태어나게 된 것입니다.

역사 속에서 고구려는 우리 민족의 영광의 상징이었습니다. 오랜 세월이 지난 뒤, 신라의 뒤를 이어 고구려의 이름을 그대로 사용한 고려가 건국되었으며, 거란족이 쳐들어오자 서희는 고려가 고구려의 후계자임을 내세워 그들을 돌려보내기도 했지요. 또 고려의 뒤를 이은 조선은 고구려를 선조로 받들어 해마다 동명성왕과 영양왕, 을지문덕 등을 위한 제사를 지내 주었습니다.

대제국 고구려는 지금도 우리 겨레의 정신 속에 뿌리 깊게 살아 있습니다. 동아시아를 호령했던 고구려인들의 기상은 우리 후손들이 되살려야 할 숙제이기도 하지요. 최근 중국은 고구려의 역사를 자신들의 것이라고 우기고 있습니다. 그렇지만 우리가 더욱 고구려를 사랑하고 계승하려는 마음을 가진다면, 고구려는 언제까지나 우리의 역사로 살아 있을 것입니다.

세계 문화유산으로 선정된 고구려 고분 벽화

고구려 고분 벽화는 차분하면서도 신비로움을 주는 놀라운 색채감과 구성으로 세계 어느 벽화에도 뒤지지 않는 걸작품입니다. 그러기에 장군총과 광개토대왕릉비를 비롯한 31개의 고구려 벽화와 무덤이 유네스코에서 선정한 세계문화유산으로 등록된 것이지요. 고구려의 벽화는 돈황석굴의 벽화와 더불어 동아시아를 대표하는 벽화로 이름이 높답니다.

현재까지 알려진 벽화가 그려진 고구려 무덤은 106기로, 평양 등 북한 지역에 76기, 집안과 환인 등지에 30기가 있어요. 벽화가 그려진 무덤은 돌로 된 방 형태의 내부 구조를 갖고 있는데, 네 벽과 천장, 그리고 입구의 좌우 벽에 벽화가 그려져 있어요.

3세기 말부터 그려지기 시작한 고분 벽화는 초기에는 네 벽에 무덤 주인공의 집과 즐겨했던 사냥 등의 놀이, 주인공 부부의 모습, 야외 행차, 연회 장면 등 고구려인의 생활 풍습을 사실적으로 전해 주고 있어요. 또 천장에는 하늘 세계 등 고구려인들의 생각을 알 수 있는 그림들이 가득하답니다.

덕흥리 고분 벽화를 보면, 무덤 주인의 주거 생활과 공식 업무 생활, 괴이한 괴수들, 해와 달을 비롯한 별들, 견우와 직녀 이야기 등이 그려져 있지요. 또 안악 3호분의 경우에는 마구간과 외양간을 비롯하여 부엌, 우물, 방앗간, 수레창고와 고기창고 등이 그려져 있어요. 또 무용총에는 춤추는 사람들과 사냥하는 그림, 각저총에는 씨름하는 그림, 수산리 고분에는 가족들의 나들이와 놀이를 구경하는 그림, 장천 1호분에는 여러 인물들이 다양한 모습으로 그려져 있답니다.

5세기 중엽 이후에는 점차 생활 풍속을 표현한 그림과 함께 무덤 안을 장식하는 아름다운 무늬가 많이 그려졌어요. 연꽃 무늬·동심원 무늬·왕자 무늬·화초 무늬·구름 무늬 등이 그것이지요. 연꽃 무늬만을 그린 산연화총, 태양을 상징하는 원형 무늬가 그려진 환문총, 왕자 무늬와 연꽃 무늬가 그려진 동명왕릉 등이 이 시기에 만들어졌지요.

고구려 후기에는 무덤 내부가 점차 종교적인 그림들로 채워졌어요. 특히 동쪽의 청룡, 남쪽의 주작, 서쪽의 백호, 북쪽의 현무라는 네 방위의 수호신이 많이 등장한답니다. 이들은 모두 상상의 동물인데, 고구려인들은 이 수호신들이 저승길을 호위해 준다고 믿었어요.

한편, 무덤은 영혼이 저승으로 가기 위해 준비하는 장소라고 생각했기 때문에, 나쁜 기운이 들어오지 못하도록 사신도를 무덤의 벽 전면에 커다랗게 그려 넣기도 했어요. 그 중에서 강서대묘의 현무도와 청룡도, 강서중묘의 백호도와 주작도는 매우 뛰어난 걸작으로 손꼽히고 있답니다. 또한 오회분 4호묘와 5호묘의 사신도도 아름다운 색채로 유명하지요.

고분 벽화는 당시 고구려인들의 의복이나 무기, 춤과 놀이, 과학 지식이나 사후 세계에 대한 생각 등을 전해주는 백과사전이랍니다. 그들의 자취를 통해 우리는 영광의 세기를 살았던 고구려인들의 실체를 생생한 시선으로 바라볼 수 있는 것이지요.

어린이 여러분, 재미있게 읽었나요?
고구려인들의 기상을 본받아
씩씩하고 슬기로운 사람이 되세요.